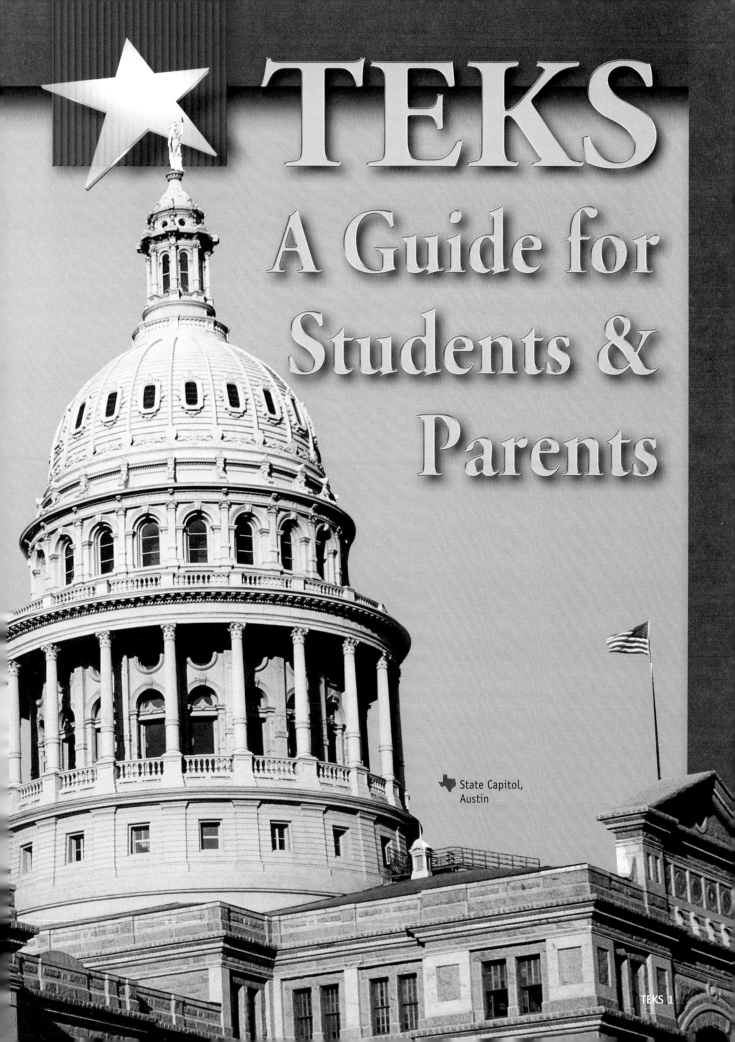

TEKS

A Guide for Students & Parents

State Capitol,
Austin

Succeeding in Your Study of a

Language Other Than English!

Welcome to the study of Languages Other Than English. In this course you will learn about the many places around the world where the language you are studying is spoken. You will learn about geography, current issues, history, and famous people. You will experience many aspects of culture, from everyday activities and holidays to music and art. You will grow to understand the great diversity of the people who speak the language you are studying.

Your study of another language will open doors for you in the future. You will use your language skills in your professional and personal life. You may have the opportunity to maintain and expand your knowledge of the language spoken by your family. Studying another language will help you improve your skills in your own language and improve your performance in other subject areas. By learning another language you will come to understand other points of view, and appreciate customs and behaviors different from your own. You will be more competitive in your future academic or professional endeavors.

Remember that learning a language is a lengthy process. The TEKS will help you understand how you should progress and what is expected at each level. You will progress through several checkpoints as you continue your language study. These checkpoints are designated as Novice, Intermediate, and Advanced. The TEKS are different for each of these progress checkpoints but you will notice the words Communication, Cultures, Connections, Comparisons, and Communities throughout the TEKS. Remember that language is not just an isolated set of words. You will use what you learn to communicate your ideas and understand those of others as you listen, speak, read, and write. You will learn about other cultures. You will use what you learn to make connections to other information. You will be able to make comparisons between your own language and culture and others. You will be able to participate in the global community using your language skills.

Enjoy your journey! ¡Buen viaje!

Dallas skyline

Texas Essential Knowledge and Skills for Languages Other Than English

Levels I and II
Novice Progress Checkpoint

§114.22.

(a) General Requirements.

(1) Levels I and II – Novice progress checkpoint can be offered in elementary, middle, or high school. At the high school level, students are awarded one unit of credit per level for successful completion of the level.

(2) Using age-appropriate activities, students develop the ability to perform the tasks of the novice language learner. The novice language learner, when dealing with familiar topics, should:

(A) understand short utterances when listening and respond orally with learned material;

(B) produce learned words, phrases, and sentences when speaking and writing;

(C) detect main ideas in familiar material when listening and reading;

(D) make lists, copy accurately, and write from dictation;

(E) recognize the importance in communication to know about the culture; and

(F) recognize the importance of acquiring accuracy of expression by knowing the components of language, including grammar.

(3) Students of classical languages use the skills of listening, speaking, and writing to reinforce the skill of reading.

TEKS

(b) Introduction.

(1) Acquiring another language incorporates communication skills such as listening, speaking, reading, writing, viewing, and showing. Students develop these communication skills by using knowledge of the language, including grammar, and culture, communication and learning strategies, technology, and content from other subject areas to socialize, to acquire and provide information, to express feelings and opinions, and to get others to adopt a course of action. While knowledge of other cultures, connections to other disciplines, comparisons between languages and cultures, and community interaction all contribute to and enhance the communicative language learning experience, communication skills are the primary focus of language acquisition.

(2) Students of languages other than English gain the knowledge to understand cultural practices (what people do) and products (what people create) and to increase their understanding of other cultures as well as to interact with members of those cultures. Through the learning of languages other than English, students obtain the tools and develop the context needed to connect with other subject areas and to use the language to acquire information and reinforce other areas of study. Students of languages other than English develop an understanding of the nature of language, including grammar, and culture and use this knowledge to compare languages and cultures and to expand insight into their own language and culture. Students enhance their personal and public lives and meet the career demands of the 21st century by using languages other than English to participate in communities in Texas, in other states, and around the world.

(c) Knowledge and skills.

(1) **Communication.** The student communicates in a language other than English using the skills of listening, speaking, reading and writing.
The student is expected to:

   (A) engage in oral and written exchanges of learned material to socialize and to provide and obtain information;

   (B) demonstrate understanding of simple, clearly spoken, and written language such as simple stories, high-frequency commands, and brief instructions when dealing with familiar topics; and

   (C) present information using familiar words, phrases, and sentences to listeners and readers.

(2) **Cultures.** The student gains knowledge and understanding of other cultures. The student is expected to:

   (A) demonstrate an understanding of the practices (what people do) and how they are related to the perspectives (how people perceive things) of the cultures studied; and

   (B) demonstrate an understanding of the products (what people create) and how they are related to the perspectives (how people perceive things) of the cultures studied.

The Alamo, San Antonio

(3) **Connections.** The student uses the language to make connections with other subject areas and to acquire information.
The student is expected to:

(A) use resources (that may include technology) in the language and cultures being studied to gain access to information; and

(B) use the language to obtain, reinforce, or expand knowledge of other subject areas.

(4) **Comparisons.** The student develops insight into the nature of language and culture by comparing the student's own language and culture to another.
The student is expected to:

(A) demonstrate an understanding of the nature of language through comparisons of the student's own language and the language studied;

(B) demonstrate an understanding of the concept of culture through comparisons of the student's own culture and the cultures studied; and

(C) demonstrate an understanding of the influence of one language and culture on another.

(5) **Communities.** The student participates in communities at home and around the world by using languages other than English.
The student is expected to:

(A) use the language both within and beyond the school setting through activities such as participating in cultural events and using technology to communicate; and

(B) show evidence of becoming a lifelong learner by using the language for personal enrichment and career development.

Cattle amongst bluebonnets, Texas Hill Country

Levels III and IV
Intermediate Progress Checkpoint

§114.23.

(a) General requirements.

(1) Levels III and IV – Intermediate progress checkpoint can be offered in middle or high school. At the high school level, students are awarded one unit of credit per level for successful completion of the level.

(2) Using age-appropriate activities, students expand their ability to perform novice tasks and develop their ability to perform the tasks of the intermediate language learner. The intermediate language learner, when dealing with every-day topics, should:

(A) participate in simple face-to-face communication;

(B) create statements and questions to communicate independently when speaking and writing;

(C) understand main ideas and some details of material on familiar topics when listening and reading;

(D) understand simple statements and questions when listening and reading;

(E) meet limited practical and social writing needs;

(F) use knowledge of the culture in the development of communication skills;

(G) use knowledge of the components of language, including grammar, to increase accuracy of expression; and

(H) cope successfully in straightforward social and survival situations.

(3) In classical languages, the skills of listening, speaking, and writing are used in Level III to reinforce the skill of reading. Students of classical languages should reach intermediate proficiency in reading by the end of Level III.

(b) Introduction.

(1) Acquiring another language incorporates communication skills such as listening, speaking, reading, writing, viewing, and showing. Students develop these communication skills by using knowledge of the language, including grammar, and culture, communication and learning strategies, technology, and content from other subject areas to socialize, to acquire and provide information, to express feelings and opinions, and to get others to adopt a course of action. While knowledge of other cultures, connections to other disciplines, comparisons between languages and cultures, and community interaction all contribute to and enhance the communicative language learning experience, communication skills are the primary focus of language acquisition.

TEKS

(2) Students of languages other than English gain the knowledge to understand cultural practices (what people do) and products (what people create) and to increase their understanding of other cultures as well as to interact with member of those cultures. Through the learning of languages other than English, students obtain the tools and develop the context needed to connect with other subject areas and to use the language to acquire information and reinforce other areas of study. Students of languages other than English develop an understanding of the nature of language, including grammar, and culture and use this knowledge to compare languages and cultures and to expand insight into their own language and culture. Students enhance their personal and public lives and meet the career demands of the 21st century by using languages other than English to participate in communities in Texas, in other states, and around the world.

(c) Knowledge and skills.

(1) **Communication.** The student communicates in a language other than English using the skills of listening, speaking, reading, and writing. The student is expected to:

   (A) engage in oral and written exchanges to socialize, to provide and obtain information, to express preferences and feelings, and to satisfy basic needs;

   (B) interpret and demonstrate understanding of simple, straightforward, spoken and written language such as instructions, directions, announcements, reports, conversations, brief descriptions, and narrations; and

   (C) present information and convey short messages on everyday topics to listeners and readers.

(2) **Cultures.** The student gains knowledge and understanding of other cultures. The student is expected to:

   (A) use the language at the intermediate proficiency level to demonstrate an understanding of the practices (what people do) and how they are related to the perspectives (how people perceive things) of the cultures studied; and

   (B) use the language at the intermediate proficiency level to demonstrate an understanding of the products (what people create) and how they are related to the perspectives (how people perceive things) of the cultures studied.

(3) **Connections.** The student uses the language to make connections with other subject areas and to acquire information. The student is expected to:

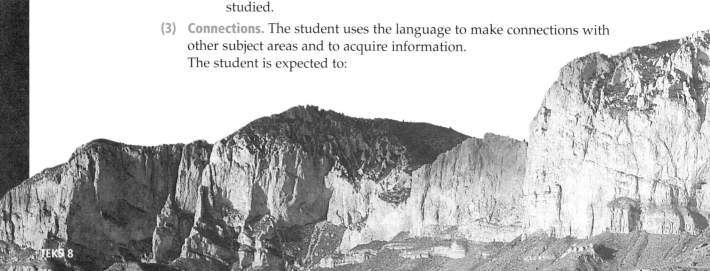

    (A) use resources (that may include technology) in the language and cultures being studied at the intermediate proficiency level to gain access to information; and

    (B) use the language at the intermediate proficiency level to obtain, reinforce, or expand knowledge of other subject areas.

(4) Comparisons. The student develops insight into the nature of language and culture by comparing the student's own language and culture to another. The student is expected to:

    (A) use the language at the intermediate proficiency level to demonstrate an understanding of the nature of language through comparisons of the student's own language and the language studied;

    (B) use the language at the intermediate proficiency level to demonstrate an understanding of the concept of culture through comparisons of the student's own culture and the cultures studied; and

    (C) use the language at the intermediate proficiency level to demonstrate an understanding of the influence of one language and culture on another.

(5) Communities. The student participates in communities at home and around the world by using languages other than English. The student is expected to:

    (A) use the language at the intermediate proficiency level both within and beyond the school setting through activities such as participating in cultural events and using technology to communicate; and

    (B) show evidence of becoming a lifelong learner by using the language at the intermediate proficiency level for personal enrichment and career development.

Guadalupe Mountains
National Park

Levels V, VI and VII
Advanced Progress Checkpoint

§114.24.
(a) General requirements.

(1) Levels V, VI, and VII – Advanced progress checkpoint can be offered in high school. At the high school level, students are awarded one unit of credit per level for successful completion of the level.

(2) Using age-appropriate activities, students master novice tasks, expand their ability to perform intermediate tasks, and develop their ability to perform the tasks of the advanced language learner. The advanced language learner of modern languages, when dealing with events of the concrete world, should:

  (A) participate fully in casual conversations in culturally appropriate ways;

  (B) explain, narrate, and describe in past, present, and future time when speaking and writing;

  (C) understand main ideas and most details of material on a variety of topics when listening and reading;

  (D) write coherent paragraphs;

  (E) cope successfully in problematic social and survival situations;

  (F) achieve an acceptable level of accuracy of expression by using knowledge of language components, including grammar; and

  (G) apply knowledge of culture when communicating.

(3) The advanced language learner of classical languages reads and comprehends authentic texts of prose and poetry of selected authors. The skills of listening, speaking, and writing are used to reinforce the skill of reading.

(4) Students of classical languages may reach advanced proficiency in reading during Level IV. (A student who completes a College Board Advanced Placement course or the International Baccalaureate in Latin should reach advanced proficiency in reading during Level IV.)

(b) Introduction.

(1) Acquiring another language incorporates communication skills such as listening, speaking, reading, writing, viewing, and showing. Students develop these communication skills by using knowledge of the language, including grammar, and culture, communication and learning strategies, technology, and content from other subject areas to socialize, to acquire and provide information, to express feelings and opinions, and to get others to adopt a course of action. While knowledge of other cultures, connections to other disciplines, comparisons between languages and cultures, and community interaction all contribute to and enhance the communicative language learning experience, communication skills are the primary focus of language acquisition.

(2) Students of languages other than English gain the knowledge to understand cultural practices (what people do) and products (what people create) and to increase their understanding of other cultures as well as to interact with members of those cultures. Through the learning of languages other than English, students obtain the tools and develop the context needed to connect with other subject areas and to use the language to acquire information and reinforce other areas of study. Students of languages other than English develop an understanding of the nature of language, including grammar, and culture and use this knowledge to compare languages and cultures and to expand insight into their own language and culture. Students enhance their personal and public lives and meet the career demands of the 21st century by using languages other than English to participate in communities in Texas, in other states, and around the world.

(c) Knowledge and skills.

(1) **Communication.** The student communicates in a language other than English using the skills of listening, speaking, reading, and writing. The student is expected to:

Johnson Space Center, Houston

(A) engage in oral and written exchanges, including providing and obtaining information, expressing feelings and preferences, and exchanging ideas and opinions;

(B) interpret and demonstrate understanding of spoken and written language, including literature, on a variety of topics; and

(C) present information, concepts, and ideas on a variety of topics to listeners and readers.

(2) **Cultures.** The student gains knowledge and understanding of other cultures. The student is expected to:

(A) use the language at the advanced proficiency level to demonstrate an understanding of the practices (what people do) and how they are related to the perspectives (how people perceive things) of the cultures studied; and

(B) use the language at the advanced proficiency level to demonstrate an understanding of the products (what people create) and how they are related to the perspectives (how people perceive things) of the cultures studied.

(3) **Connections.** The student uses the language to make connections with other subject areas and to acquire information. The student is expected to:

(A) use resources (that may include technology) in the language and cultures being studied at the advanced proficiency level to gain access to information; and

(B) use the language at the advanced level to obtain, reinforce, or expand knowledge of other subject areas.

(4) **Comparisons.** The student develops insight into the nature of language and culture by comparing the student's own language and culture to another. The student is expected to:

Mission San José,
San Antonio

(A) use the language at the advanced proficiency level to demonstrate an understanding of the nature of language through comparisons of the student's own language and the language studied;

(B) use the language at the advanced proficiency level to demonstrate an understanding of the concept of culture through comparisons of the student's own culture and the cultures studied; and

(C) use the language at the advanced proficiency level to demonstrate an understanding of the influence of one language and culture on another.

(5) **Communities.** The student participates in communities at home and around the world by using languages other than English. The student is expected to:

(A) use the language at the advanced proficiency level both within and beyond the school setting through activities such as participating in cultural events and using technology to communicate; and

(B) show evidence of becoming a lifelong learner by using the language at the advanced proficiency level for personal enrichment and career development.

Exploratory Languages

§114.25.

(a) **General requirements.**

(1) Exploratory languages is a nonsequential course that can be offered in elementary, middle, or high school. At the high school level, students are awarded one-half to one unit of credit for successful completion of a course.

(2) Using age-appropriate activities, students study selected aspects of one or more languages and cultures and/or develop basic language learning and communicative skills.

(b) **Introduction.**

Exploratory courses in languages other than English introduce the student to the study of other languages. Students use components of language, make observations about languages and cultures, develop language study skills, and/or acquire simple communicative skills by completing one or more of the knowledge and skills for exploratory languages.

(c) Knowledge and skills.

(1) The student uses components of language. The student is expected to:

    (A) participate in different types of language learning activities;

    (B) use the language skills of listening, speaking, reading, and/or writing;

    (C) demonstrate an awareness of some aspects of culture in using the language; and

    (D) demonstrate an awareness of the subsystems of other languages (such as grammar, vocabulary, and phonology).

(2) The student makes observations about languages and cultures. The student is expected to:

    (A) compare and contrast features of other languages to English;

    (B) recognize the role of nonlinguistic elements (such as gestures) in communication;

    (C) demonstrate an understanding of the fact that human behavior is influenced by culture; and

    (D) compare some aspects of other cultures to the student's own culture.

(3) The student develops language study skills. The student is expected to:

    (A) practice different language learning strategies;

    (B) demonstrate an understanding of the fact that making and correcting errors is an important part of learning a language; and

    (C) demonstrate an awareness of language patterns.

Cultural and Linguistic Topics

§114.26.

(a) General requirements.

(1) Cultural and linguistic topics is a nonsequential course that can be offered in elementary, middle, or high school. At the high school level, students are awarded one-half to one unit of credit for successful completion of a course. Upon completion of the course, students may choose to receive credit for a nonsequential course in languages other than English or credit for a social studies elective course.

(2) Using age-appropriate activities, students study cultural, linguistic, geographical, or historical aspects of selected regions or countries.

(b) Introduction.

Courses in cultural and linguistic topics introduce students to the study of other cultures. Students gain the knowledge to understand the historical development, geographical aspects, cultural aspects, and/or linguistic aspects of selected regions or countries by completing one or more of the knowledge and skills for cultural and linguistic topics.

(c) Knowledge and skills.

(1) The student gains knowledge of the cultural aspects of selected regions or countries. The student is expected to:

(A) identify social, cultural, and economic changes that have affected customs and conventions in a region or country;

(B) explain variations of cultural patterns within a region or country;

(C) demonstrate an understanding of the role of traditions in influencing a culture's practices (what people do) and products (what people create); and

(D) recognize the art, music, literature, drama, or other culturally related activity of a region or country.

Lighthouse Rock at Palo Duro Canyon State Park

(2) The student gains knowledge of certain linguistic aspects of selected regions, countries, or languages. The student is expected to:

(A) reproduce, read, write, or demonstrate an understanding of common expressions and vocabulary used in the region, country, or language studied;

(B) describe general aspects of a language based upon the linguistic experiences provided, such as word etymologies and derivatives; and

(C) recognize the linguistic contributions of native speakers and writers from various regions.

(3) The student gains knowledge of the geographical aspects of and their related influences on selected regions or countries. The student is expected to:

(A) demonstrate an understanding of the influence of geography on the historical development of a region or country; and

(B) provide examples of the interrelationships between the physical and cultural environments.

(4) The student gains knowledge of the historical aspects of selected regions or countries. The student is expected to:

(A) recognize examples of the interactions of a region or country with the rest of the world;

(B) trace historical events from their inception to the present; and

(C) identify significant personalities in the development of a region or country.

Glencoe
Middle School Spanish

¿Cómo te va?

Texas
Edition

Intro

Conrad J. Schmitt

Glencoe

New York, New York   Columbus, Ohio   Chicago, Illinois   Peoria, Illinois   Woodland Hills, California

About the Front Cover

(left) **Mayan ruins, Tulum, Mexico** The fourteen hundred-year-old ruins of the Mayan walled city stand overlooking white sands and the turquoise waters of the Caribbean Sea. These ruins are very popular with tourists, perhaps because they are the only Mayan ruins that stand by the sea. Mayan astronomers used special structures here to plot the movement of the planets. There were more than sixty thousand dwellings in Tulum in 1518 when the **conquistadors** arrived.

(right) **El Alcázar, Segovia, Spain** The majestic castle of **El Alcázar** stands on a hill at the meeting place of the Eresma and Clamores rivers, overlooking the city of Segovia. This site was first a Roman stronghold and later a Moorish palace. The word **alcázar** comes from the Arabic word for *royal palace*. The Spanish renovated the castle in the fifteenth century and again after it was ravaged by fire in 1862. It is a beautiful example of Spanish Gothic architecture.

 **Glencoe**

Printed in the United States of America.

Send all inquiries to:
Glencoe/McGraw-Hill
8787 Orion Place
Columbus, OH 43240-4027

ISBN: 0-07-866367-9 (Texas Student Edition)
ISBN: 0-07-866368-7 (Texas Teacher Wraparound Edition)
4 5 6 7 8 9 10 027 10 09

ABOUT THE AUTHOR

Conrad J. Schmitt

Conrad J. Schmitt received his B.A. degree from Montclair State University in Montclair, New Jersey. He received his M.A. from Middlebury College, Middlebury, Vermont. He did additional graduate work at New York University.

Mr. Schmitt has taught Spanish and French at all levels from elementary school to university graduate courses. He taught at the Middle School in Hackensack, New Jersey, prior to becoming Coordinator of Foreign Languages for all the schools in the city. He also taught methodology at the Graduate School of Education, Rutgers University, New Brunswick, New Jersey.

Mr. Schmitt has authored or coauthored more than one hundred books, all published by The McGraw-Hill Companies. He has addressed teacher groups and given workshops throughout the United States. In addition, he has lectured and presented seminars in Japan, People's Republic of China, Taiwan, Philippines, Singapore, Thailand, Iran, Egypt, Spain, Portugal, Germany, Haiti, Jamaica, Mexico, Panama, Colombia, and Brazil.

Mr. Schmitt has traveled extensively throughout Spain and all of Latin America.

CONTENIDO

Objetivos

Lección 1

In this lesson you will learn to:
- greet people
- respond when people greet you

Lección 2

In this lesson you will learn to:
- say good-bye to people

Lección 3

In this lesson you will learn to:
- use and respond to the words for numbers
- ask and respond to a request for the price of something

Objetivos

Lección 4

In this lesson you will learn to:

- request some foods and drinks in a restaurant setting
- ask for and respond to a request for the cost of some foods and drinks

Lección 5

In this lesson you will learn to:

- use the names of the days of the week
- ask and respond to questions about the current day

Lección 6

In this lesson you will learn to:

- tell the months of the year and the seasons
- ask for and respond to requests for the date

Lección 7

In this lesson you will learn to:

- use some common weather expressions

CONTENIDO

Objetivos

Lección 8

In this lesson you will learn to:

- ask for and respond to requests for the time
- tell at what time certain events take place

Lección 9

In this lesson you will learn to:

- ask and respond to questions about the languages you speak
- use the forms **¿hablas?** and **hablo** appropriately

Lección 10

In this lesson you will learn to:

- use words for common classroom objects
- tell what school supplies you need

Lección 11

In this lesson you will learn to:

- identify and shop for clothing
- communicate in various situations that arise when shopping

CONTENIDO

CONTENIDO

Objetivos

Handbook

Guide to Symbols

Throughout **¿Cómo te va?** you will see these symbols, or icons. They will tell you how to best use the particular part of the lesson or activity they accompany. Following is a key to help you understand these symbols.

 Audio link This icon indicates material in the lesson that is recorded on compact disk format.

 Recycling This icon indicates sections that review previously introduced material.

 Paired Activity This icon indicates sections that you can practice orally with a partner.

 Group Activity This icon indicates sections that you can practice together in groups.

El mundo

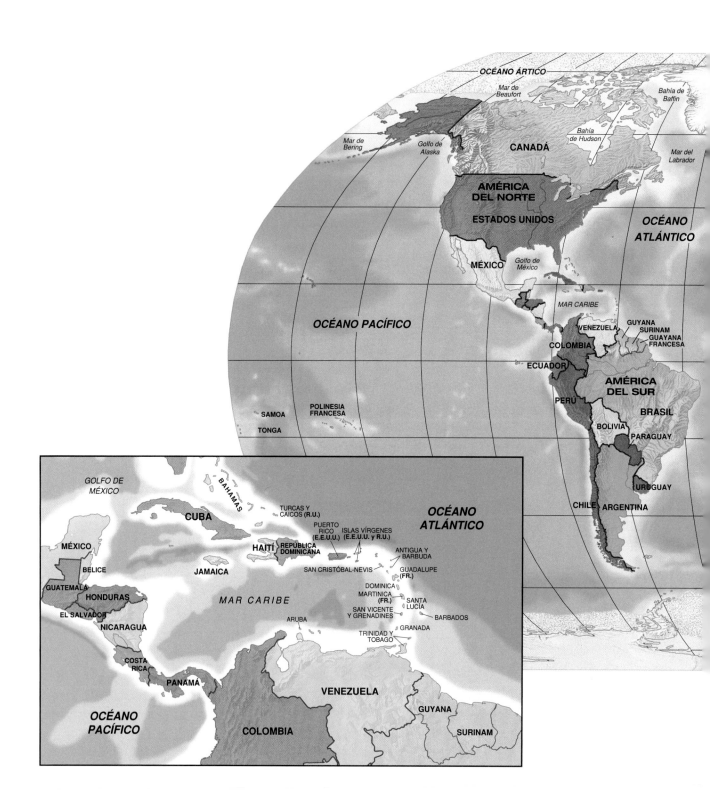

OCÉANO ÁRTICO

Mar de Beaufort

Bahía de Baffin

Mar de Bering

Golfo de Alaska

Bahía de Hudson

CANADÁ

Mar del Labrador

AMÉRICA DEL NORTE

ESTADOS UNIDOS

OCÉANO ATLÁNTICO

MÉXICO

Golfo de México

MAR CARIBE

VENEZUELA

GUYANA
SURINAM
GUAYANA FRANCESA

COLOMBIA

OCÉANO PACÍFICO

ECUADOR

AMÉRICA DEL SUR

PERÚ

BRASIL

SAMOA

POLINESIA FRANCESA

BOLIVIA

PARAGUAY

TONGA

URUGUAY

CHILE   ARGENTINA

GOLFO DE MÉXICO

BAHAMAS

CUBA

TURCAS Y CAICOS (R.U.)

OCÉANO ATLÁNTICO

PUERTO RICO (E.E.U.U.)

ISLAS VÍRGENES (E.E.U.U. y R.U.)

MÉXICO

HAITÍ   REPÚBLICA DOMINICANA

ANTIGUA Y BARBUDA

BELICE

JAMAICA

SAN CRISTÓBAL-NEVIS

GUADALUPE (FR.)

GUATEMALA

DOMINICA

HONDURAS

MAR CARIBE

MARTINICA (FR.)

SANTA LUCÍA

EL SALVADOR

SAN VICENTE Y GRENADINES

NICARAGUA

ARUBA

BARBADOS

GRANADA

TRINIDAD Y TOBAGO

COSTA RICA

PANAMÁ

VENEZUELA

OCÉANO PACÍFICO

GUYANA

COLOMBIA

SURINAM

OCÉANO ÁRTICO

GROENLANDIA

Mar de Groenlandia

ISLANDIA

Mar de Noruega

Mar de Barents

Mar de Kara

Mar de Láptiev

RUSIA

ASIA

Mar de Ojotsk

Mar del Norte

EUROPA

KAZAJSTÁN

MONGOLIA

Mar Negro

GEORGIA

ARMENIA

UZBEKISTÁN

KIRGUIZITÁN

CHINA

COREA DEL NORTE

Mar del Japón

JAPÓN

MELILLA

TURQUÍA

TURKMENISTÁN

TAXIKISTÁN

COREA DEL SUR

CEUTA

LÍBANO

SIRIA

AZERBAIJAN

AFGANISTÁN

OCÉANO PACÍFICO

MARRUECOS

Mar Mediterráneo

TÚNEZ

ISRAEL

IRAK

JORDANIA

IRÁN

Mar de la China oriental

SÁHARA OCCIDENTAL

ARGELIA

LIBIA

EGIPTO

KUWAIT

BAHREIN

PAKISTÁN

NEPAL

BHUTAN

TAIWÁN

CABO VERDE

MAURITANIA

MALÍ

NÍGER

CHAD

SUDÁN

QATAR

ARABIA SAUDITA

EMIRATOS ÁRABES UNIDOS

INDIA

BANGLADESH

MYANMAR

LAOS

Mar de la China meridional

SENEGAL

ÁFRICA

ERITREA

OMÁN

Golfo de Bengala

TAILANDIA

FILIPINAS

MARSHALL

GAMBIA

BURKINA FASO

YEMEN

DJIBOUTI

VIETNAM

MICRONESIA

GUINEA-BISSAU

GUINEA

NIGERIA

ETIOPÍA

SRI LANKA

CAMBOYA

BRUNEI

PALAU

GHANA

BENIN

REPÚBLICA CENTROAFRICANA

MALDIVAS

SINGAPUR

MALAYSIA

KIRIBATI

SIERRA LEONA

COSTA DE MARFIL

LIBERIA

TOGO

CAMERÚN

UGANDA

SOMALIA

NAURÚ

SAN TOMÉ E PRÍNCIPE

GABÓN

KENYA

INDONESIA

PAPÚA-NUEVA GUINEA

SALOMÓN

GUINEA ECUATORIAL

REP. DEL CONGO

REP. DEM. DEL CONGO

RUANDA

BURUNDI

SEYCHELLES

OCÉANO ÍNDICO

TUVALU

WALLIS Y FUTUNA

VANUATU

TANZANIA

ISLAS COMORES

ANGOLA

MALAWI

ZAMBIA

MOZAMBIQUE

MADAGASCAR

MAURICIO

Mar del Coral

ISLAS FIJI

OCÉANO ATLÁNTICO

ZIMBABWE

REUNIÓN

NAMIBIA

BOTSWANA

NUEVA CALEDONIA

AUSTRALIA

SUDÁFRICA

SWAZILANDIA

LESOTHO

Mar de Tasmania

ANTÁRTIDA

NUEVA ZELANDIA

NORUEGA

FINLANDIA

SUECIA

ESTONIA

IRLANDA

REINO UNIDO

DINAMARCA

LETONIA

RUSIA

LITUANIA

RUSIA

BELARÚS

PAÍSES BAJOS

ALEMANIA

POLONIA

BÉLGICA

OCÉANO ATLÁNTICO

LUXEMBURGO

REPÚBLICA CHECA

UCRANIA

FRANCIA

ESLOVAQUIA

SUIZA

AUSTRIA

HUNGRÍA

MOLDOVA

ANDORRA

ESLOVENIA

CROACIA

RUMANIA

PORTUGAL

BOSNIA HERZOGOVINA

YUGOSLAVIA (Fed. Rep.)

Mar Negro

GEORGIA

ESPAÑA

MÓNACO

ITALIA

BULGARIA

MELILLA

ALBANIA

MACEDONIA

CEUTA

Mar Mediterráneo

GRECIA

TURQUÍA

ÁFRICA

MALTA

CHIPRE

SIRIA

LÍBANO

España

OCÉANO ATLÁNTICO

MAR CANTÁBRICO

Golfo de Vizcaya

FRANCIA

La Coruña

Santiago de Compostela

Oviedo

Santander

San Sebastián

Asturias

Cantabria

Bilbao

Roncesvalles

ANDORRA

CORDILLERA CANTÁBRICA

Galicia

País Vasco

Pamplona

LOS PIRINEOS

León

Burgos

Navarra

Rioja

Cataluña

Castilla y León

Valladolid

Río Duero

Río Ebro

Zaragoza

Barcelona

Salamanca

Segovia

Río Tajo

Aragón

Ávila

SIERRA DE GUADARRAMA

Madrid

Madrid

ESPAÑA

Comunidad Valenciana

PORTUGAL

Castilla-la Mancha

Islas baleares

Menorca

Palma

Valencia

Río Guadiana

Mallorca

Extremadura

Lisboa

Ibiza

Formentera

MAR MEDITERRÁNEO

Río Guadalquivir

Alicante

Córdoba

Murcia

Murcia

Sevilla

Granada

Cartagena

Andalucía

SIERRA NEVADA

Jerez de la Frontera

Málaga

COSTA DEL SOL

Cádiz

Marbella

Estepona

Gibraltar (R.U.)

Estrecho de Gibraltar

Ceuta (Esp.)

Tánger

Melilla (Esp.)

OCÉANO ATLÁNTICO

ARGELIA

MARRUECOS

Islas Canarias

La Palma

Santa Cruz de Tenerife

Lanzarote

Gomera

Las Palmas

Fuerteventura

Tenerife

Hierro

Gran Canaria

MARRUECOS

ÁFRICA

OCÉANO ATLÁNTICO

SAHARA OCCIDENTAL

MAR CARIBE

OCÉANO
ATLÁNTICO

Barranquilla

Maracaibo

Caracas

Cartagena

Lago de
Maracaibo

Río Orinoco

Medellín

VENEZUELA

GUYANA

SURINAM

Santafé de
Bogotá

GUAYANA
FRANCESA

Río Magdalena

COLOMBIA

Cali

Ecuador

Otavalo

Quito

ECUADOR

Río Amazonas

Islas Galápagos
(Ecuador)

Guayaquil

Cuenca

PERÚ

BRASIL

El Callao

Lima

Cuzco

CORDILLERA DE LOS ANDES

Lago
Titicaca

BOLIVIA

La Paz

Cochabamba

Brasília

Santa Cruz

Sucre

Trópico de Capricornio

PARAGUAY

Asunción

CHILE

Vicuña

Córdoba

Río Paraná

OCÉANO
PACÍFICO

Valparaíso

Rosario

URUGUAY

Santiago

Buenos Aires

Montevideo

ARGENTINA

La Plata

Río de la Plata

Mar del Plata

PATAGONIA

Puerto Montt

OCÉANO
ATLÁNTICO

Estrecho de
Magallanes

Islas Malvinas
(R.U.)

Tierra del
Fuego

Punta Arenas

Cabo de Hornos

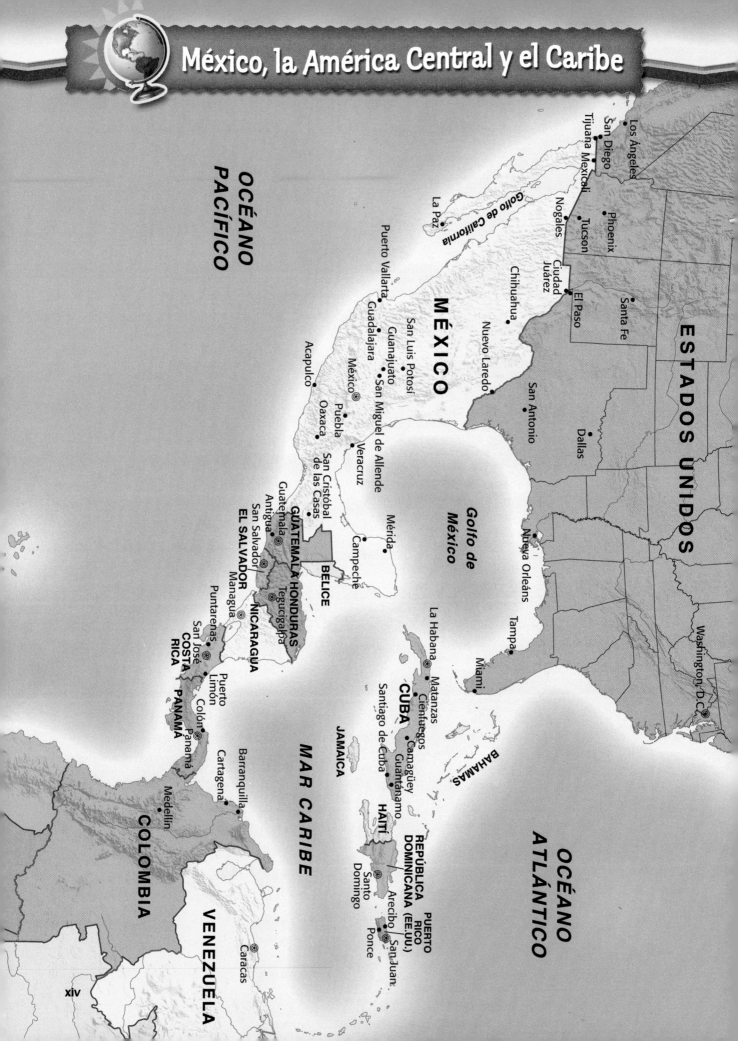

México, la América Central y el Caribe

OCÉANO PACÍFICO

ESTADOS UNIDOS

Los Ángeles
San Diego
Tijuana Mexicali
Nogales
Phoenix
Tucson
Santa Fe
La Paz
Golfo de California
Ciudad Juárez
El Paso
Chihuahua
Nuevo Laredo
San Antonio
Dallas
Puerto Vallarta
Guadalajara
San Luis Potosí
Guanajuato
MÉXICO
México
San Miguel de Allende
Acapulco
Puebla
Oaxaca
Veracruz
San Cristóbal de las Casas
Mérida
Golfo de México
Campeche
Nueva Orleáns
Tampa
Miami
Guatemala
Antigua
San Salvador
EL SALVADOR
GUATEMALA
BELICE
HONDURAS
Tegucigalpa
Managua
NICARAGUA
Puntarenas
San José
COSTA RICA
Puerto Limón
Colón
Panamá
PANAMÁ
Cartagena
Barranquilla
Medellín
COLOMBIA
MAR CARIBE
La Habana
Matanzas
Cienfuegos
CUBA
Camagüey
Santiago de Cuba
Guantánamo
JAMAICA
BAHAMAS
HAITÍ
REPÚBLICA DOMINICANA
Santo Domingo
Arecibo
Ponce
San Juan
PUERTO RICO (EE.UU.)
OCÉANO ATLÁNTICO
Washington, D.C.
VENEZUELA
Caracas

xiv

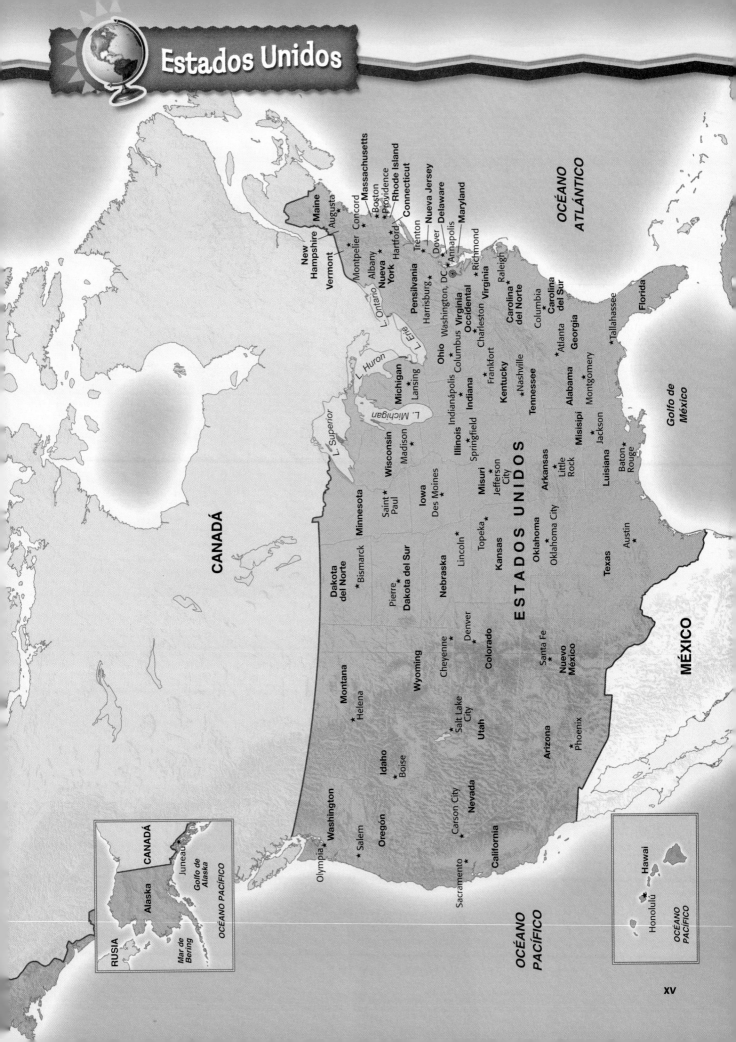

Estados Unidos

OCÉANO ATLÁNTICO

Maine
Augusta

Massachusetts
Boston
Providence
Rhode Island
Connecticut

New Hampshire
Vermont
Concord
Montpelier
Albany
Nueva York
Hartford

Nueva Jersey
Delaware
Maryland
Trenton
Dover
Annapolis
Richmond

Pensilvania
Harrisburg
Washington, DC
Virginia
Occidental
Virginia
Charleston

Raleigh
Carolina del Norte
Columbia
Carolina del Sur

Ohio
Columbus
Indianápolis
Indiana
Frankfort
Kentucky
Nashville
Tennessee

Florida
Tallahassee

L. Ontario
L. Erie
L. Huron
Michigan
Lansing
L. Michigan

Atlanta
Georgia
Alabama
Montgomery

Golfo de México

L. Superior

Illinois
Springfield
Misuri
Jefferson
City

Mississippi
Jackson

Luisiana
Baton
Rouge

Wisconsin
Madison

Iowa
Des Moines

Arkansas
Little
Rock

E S T A D O S   U N I D O S

CANADÁ

Minnesota
Saint
Paul

Dakota del Norte
Bismarck

Pierre
Dakota del Sur

Nebraska
Lincoln

Topeka
Kansas

Oklahoma
Oklahoma City

Texas
Austin

Denver
Cheyenne
Colorado

Santa Fe
Nuevo
México

Montana
Helena

Wyoming

Salt Lake
City
Utah

Arizona
Phoenix

Idaho
Boise

Carson City
Nevada

California
Sacramento

Washington
Olympia

Salem
Oregón

OCÉANO
PACÍFICO

MÉXICO

CANADÁ

RUSIA

Alaska

Juneau

Golfo de
Alaska

Mar de
Bering

OCÉANO PACÍFICO

Hawai

Honolulú

OCÉANO
PACÍFICO

The Spanish-Speaking World

Knowing Spanish will open doors to you around the world. As you study the language, you will come to understand and appreciate the way of life, customs, values, and cultures of people from many different areas of the world. Look at the map on pages x–xi to see where Spanish is spoken, either as a first or second language.

Learning Spanish can be fun and will bring you a sense of accomplishment. You'll be really pleased when you are able to carry on a conversation in Spanish. You will be able to read the literature of Spain and Latin America, keep up with current events in magazines and newspapers from Spain and Latin America, and understand Spanish-language films without relying on subtitles.

The Spanish language will be a source of enrichment for the rest of your life—and you don't have to leave home to enjoy it. In all areas of the United States there are Hispanic radio and television stations, Latin musicians, Spanish-language magazines and newspapers, and a great diversity of restaurants serving foods from all areas of the Spanish-speaking world. The Latin or Hispanic population of the United States today totals more than forty million people and is the fastest growing segment of the population.

Career Opportunities

Your knowledge of Spanish will also be an asset to you in a wide variety of careers. Many companies from Spain and Latin America are multinational and have branches around the world, including the United States. Many U.S. corporations have great exposure in the Spanish-speaking countries. With the growth of the Hispanic population in the United States, bilingualism is becoming an important asset in many fields including retail, fashion, cosmetics, pharmaceutical, agriculture, automotive, tourism, airlines, technology, finance, and accounting.

You can use your Spanish in all these fields, not only abroad but also in the United States. On the national scene there are innumerable possibilities in medical and hospital services, banking and finance, law, social work, and law enforcement. The opportunities are limitless.

Language Link

Another benefit to learning Spanish is that it will improve your English. Once you know another language, you can make comparisons between the two and gain a greater understanding of how languages function. You'll also come across a number of Spanish words that are used in English. Just a few examples are: **adobe, corral, meseta, rodeo, poncho, canyon, llama, alpaca**. Spanish will also be helpful if you decide to learn yet another language. Once you learn a second language, the learning process for acquiring other languages becomes much easier.

Spanish is a beautiful, rich language spoken on many continents. Whatever your motivation is for choosing to study it, Spanish will expand your horizons and increase your job opportunities. **¡Viva el español!**

EL ALFABETO ESPAÑOL

a avión

b bebé

c cesta

d dedo

e elefante

f foto

g gemelos

h hamaca

i iglesia

j jabón

k kilo

l lago

m mono

n nariz

ñ
ñame

o
oso

p
pelo

q
queso

r
rana

s
sala

t
té

u
uva

v
vaca

w
Washington, D.C.

x
examen

y
yeso

z
zapato

ch
chicle

ll
lluvia

rr
guitarra

Ch, ll, and *rr* are not letters of the Spanish alphabet. However, it is important for you to learn the sounds they represent.

1 Saludos

Greeting people

In this lesson you will learn how to greet people and to respond when they greet you. You may notice that people in Spanish-speaking countries usually greet people somewhat differently. You may wish to practice some of their customary greetings and gestures as if you lived in a Spanish-speaking country.

¡Hola!

¡Hola! ¿Qué tal?

Muy bien.

Bien, gracias. ¿Y tú?

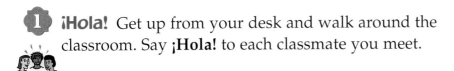
1 **¡Hola!** Get up from your desk and walk around the classroom. Say **¡Hola!** to each classmate you meet.

2 **¿Qué tal?** Work in groups of two. Greet one another in Spanish and find out how things are going.

Some Spanish greetings are more formal than **¡Hola!** When you greet someone, particularly an older person, you can say:

Buenos días. señora.

Buenas tardes. señorita.

Buenas noches. señor.

Cultura

Señor. señora. señorita

1. When speaking Spanish, the titles **señor, señora,** and **señorita** are frequently used without the last name of the person.

2. In Spanish-speaking countries, young people almost always shake hands when they greet one another.

3 **Saludos** Look at these photographs of people in Spain and Mexico. As they greet one another, they do some things that are different from what we do when we greet each other. What do you notice in the photographs?

 ## Manos a la obra

 4 **¡Buenos días!** Draw five stick figures. Give each one a name.
 They will represent your friends, family, and teachers. Greet each of your stick figures properly in Spanish.

El mundo hispanohablante

Spanish is the language of more than 350 million people around the world. Spanish had its origin in Spain. It is sometimes fondly called the "language of Cervantes," the author of the world's most famous novel and character, *Don Quijote*. The Spanish **conquistadores** and **exploradores** brought their language to the Americas in the fifteenth and sixteenth centuries. Spanish is the official language of almost all the countries of Central and South America. It is the official language of Mexico and of several of the larger islands in the Caribbean. Spanish is also the heritage language of more than 40 million people in the United States.

La ciudad de Los Ángeles, California

El Álamo, San Antonio, Texas

Spanish is the official language in many areas of the world. Look at all these areas on the map. A different country will be discussed in each lesson. Let's begin with Spain.

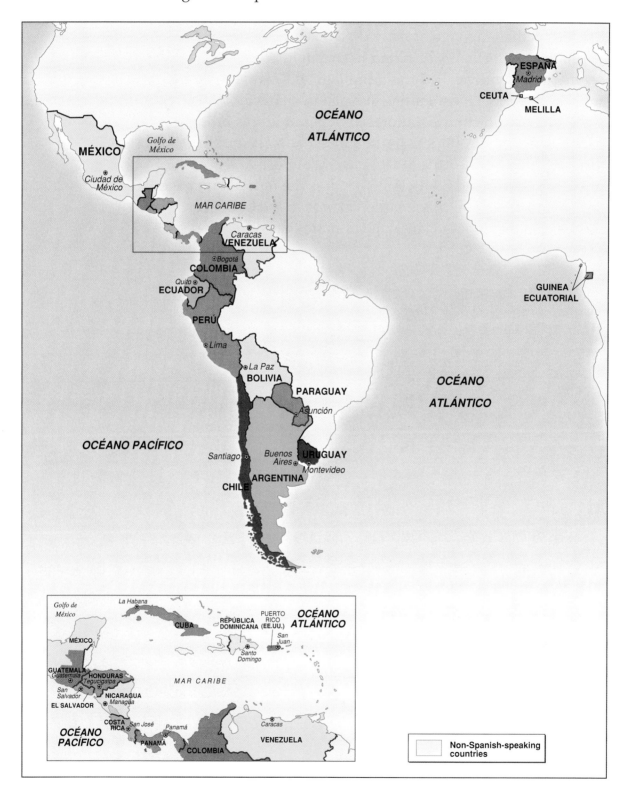

Non-Spanish-speaking countries

 **España**

Spain and Portugal share the Iberian peninsula in southwestern Europe. The peninsula gets its name from the first inhabitants, the Iberians, who were followed by the Celts, Phoenicians, Greeks, Carthaginians, Romans, Visigoths, and Moors. The Moors occupied Spain from 711 to 1492 and their influence is seen throughout the country, particularly in the South.

La Alhambra, Granada

Spain is a country of contrasts. Its terrain varies with the lush, green fields of Galicia in the North, the golden plains of Castilla in the center, and the verdant groves of olive trees of Andalucía in the South. Spain is also the second most mountainous country of Europe. Switzerland is the first.

 Spanish Online

For more information about Spain, go to the Glencoe Spanish Web site: spanish.glencoe.com.

Una casa blanca típica, Andalucía

The Spain of today comprises seventeen autonomous communities. It has magnificent cosmopolitan cities such as Madrid and Barcelona, small, quaint villages such as the "white villages" of Andalucía, and small fishing villages as well as luxurious resorts that dot its many kilometers of coastline.

Spain is the birthplace of the Spanish language and one of its greatest writers, Miguel Cervantes. Cervantes is the author of the famous *Don Quijote de la Mancha,* acclaimed to be the second most widely read work in the world after the Bible.

Plaza Mayor, Madrid

Rambla de las Flores, Barcelona

5 Rompecabezas

¡Hola! How many different ways do you know to say *Hello* in Spanish?

La geografía Use this *pocket book* organizer in your ongoing study of all the countries in the Spanish-speaking world.

Step 1 **Fold** a sheet of paper (8½″ x 11″) in half like a *hamburger.*

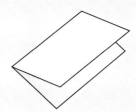

Step 2 **Open** the folded paper and fold one of the long sides up two inches to form a pocket. Refold the *hamburger* fold so that the newly formed pockets are on the inside.

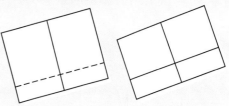

Step 3 **Glue** the outer edges of the two-inch fold with a small amount of glue.

Step 4 **Make** a multipaged booklet by gluing six pockets side-by-side. Glue a cover around the multipaged *pocket book.*

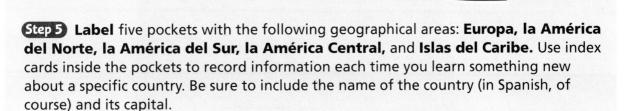

Step 5 **Label** five pockets with the following geographical areas: **Europa, la América del Norte, la América del Sur, la América Central,** and **Islas del Caribe.** Use index cards inside the pockets to record information each time you learn something new about a specific country. Be sure to include the name of the country (in Spanish, of course) and its capital.

¡Adiós!

Saying good-bye

In this lesson you will learn how to say good-bye to people. You will notice that there are many different expressions you can use when taking leave of a person.

1. The usual expression to use when saying good-bye to someone is **¡Adiós!**

2. If you plan to see the person again soon, you can say **¡Hasta pronto!** or **¡Hasta luego!** If you plan to see the person the next day, you can say **¡Hasta mañana!**

3. You will frequently hear the informal expression **¡Chao!**, especially in Spain as well as in some countries of Latin America.

Chao, Juanita.

Chao, Roberto.
¡Hasta luego!

1 **¡Chao!** Go over to a classmate and say good-bye to him or her.

2 **¡Hasta luego!** Work with a classmate. Say **¡Chao!** to one another and let each other know that you will be getting together again soon.

3 **¡Adiós!** Say good-bye to your Spanish teacher. Then say good-bye to a friend. Use a different expression with each person.

Conversación

4 **¡Hola, amigo(a)!** Work with a friend. Speak Spanish together. Have fun saying as much as you can to one another.

5 **Rompecabezas**

Las palabras partidas Join two pieces to form a word. When you have finished, you should have ten words. Do not use any piece more than once.

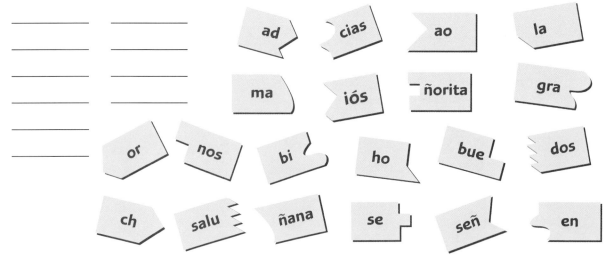

ad   cias   ao   la

ma   iós   ñorita   gra

or   nos   bi   ho   bue   dos

ch   salu   ñana   se   señ   en

Spanish names

The following are some common names for boys and girls in Spanish.

Muchachos

Álvaro, Ángel, Antonio, Alejandro, Daniel,
David, Eduardo, Emilio, Enrique, Felipe,
Fernando, Francisco, Gabriel, Gerardo,
Ignacio, Jaime, Javier, José, Juan, Lucas,
Luis, Manuel, Mario, Miguel, Moisés,
Pablo, Pedro, Raúl, Ricardo, Roberto,
Tomás, Vicente

Muchachas

Adela, Alejandra, Alicia, Ana, Andrea, Beatriz, Catalina,
Clara, Claudia, Cristina, Débora, Elena, Elisa, Esther,
Esperanza, Guadalupe, Isabel, Josefina, Juana, Julia,
Leonor, Luisa, Maïte, Mar, María, Marisa, Marta,
Patricia, Paz, Pilar, Rosa, Sandra, Teresa

El mundo hispanohablante

 ## México

The beautiful country of Mexico shares a border with the United States. Mexico is a nation that reflects its Aztec, Mayan, and Spanish heritage. Its capital, Mexico City, is today one of the largest cities in the world. Before the arrival of the Spaniards, Mexico City, then named Tenochtitlán, was the thriving capital of the Aztecs.

Mexico has beautiful quaint towns such as Taxco and San Miguel de Allende. Magnificent vestiges or ruins of its pre-Columbian civilizations can be seen in Teotihuacán and Chichén Itzá.

The culture of the indigenous populations, in states such as Oaxaca, is very strong in many areas of Mexico. Mexico also has world famous resorts: Cancún and Cabo San Lucas are just two of many. A modern country, Mexico has large industrial centers such as Monterrey in the North.

Chichén Itzá

El Zócalo, Ciudad de México

Hoteles, Cancún

Lección

3

Algunos números

Counting in Spanish

In this lesson you will learn to use and respond to the words for numbers. You will also learn to ask and respond to a request for the price of something.

1	uno	11	once	21	veintiuno
2	dos	12	doce	22	veintidós
3	tres	13	trece	23	veintitrés
4	cuatro	14	catorce	24	veinticuatro
5	cinco	15	quince	25	veinticinco
6	seis	16	dieciséis	26	veintiséis
7	siete	17	diecisiete	27	veintisiete
8	ocho	18	dieciocho	28	veintiocho
9	nueve	19	diecinueve	29	veintinueve
10	diez	20	veinte	30	treinta

1 **El número, por favor.** Count from 1 to 10 aloud.

2 **De dos en dos** Count from 2 to 16 by twos.

3 **De cinco en cinco** Count from 5 to 30 by fives.

4 **¿Qué número es?** Give the following numbers in Spanish.

1. 15	**5.** 23	**9.** 28
2. 3	**6.** 19	**10.** 30
3. 18	**7.** 14	**11.** 2
4. 10	**8.** 7	**12.** 25

Finding out the price

To find out and tell how much something costs, you say:

—¿Cuánto es?
—Diez pesos.

5 Make believe you're buying something. Hold it up and ask the price.

18
—¿Cuánto es?
—Dieciocho pesos.

1. 30   4. 15
2. 22   5. 7
3. 8   6. 25

Cultura

Writing the numbers 1 and 7

Note how 1 and 7 are written in some areas of the Spanish-speaking world.

Palma de Mallorca, España

El mundo hispanohablante

 El Salvador

El Salvador is the smallest country of Central America and unlike its neighbors it only has coast on the Pacific Ocean. Much of the land of El Salvador is volcanic. Two mountain ranges with many volcanic peaks cross the country. The capital, San Salvador, is the nation's largest city, and it keeps growing by leaps and bounds.

La ciudad de San Salvador

La bahía, Unión

The **salvadoreños** have the reputation of being hard workers. There are many shoe and textile factories as well as pharmaceutical firms and manufacturers of machinery. El Salvador exports textiles, appliances, pharmaceutical products, and computer parts.

Las ruinas de Tazumal

4 La cortesía

Speaking politely when ordering food

In this lesson you will learn how to request some foods and drinks in a restaurant setting. You will also ask for and respond to a request for the cost of some foods and drinks.

1. There are several ways to express *You're welcome* in Spanish.

> **De nada.**
> **No hay de qué.**
> **Por nada.**

2. When you want to find out how much something is you can ask:

> **¿Cuánto es, por favor?**

Be sure to be polite and add **por favor**.

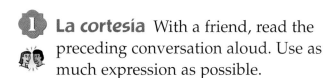

La cortesía With a friend, read the preceding conversation aloud. Use as much expression as possible.

Café Haití, Miraflores, Perú

Spanish Online

For more information about cafés in the Spanish-speaking world, go to the Glencoe Spanish Web site: **spanish. glencoe.com**.

2 **Una cola, por favor.** You are at the Café Haití in Miraflores, Perú. Order the following things. Then ask the price in a polite way. A classmate will be the server.

1. un sándwich   **2.** un té   **3.** una soda

  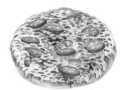

4. una limonada   **5.** una ensalada   **6.** una pizza

3 **Por favor.** Order the following foods at a Mexican restaurant. Be polite when you order.

1. tacos   **2.** enchiladas

3. una tostada   **4.** un burrito

Lección 4

Cultura

Monetary systems

When you travel, you will use different currencies.

Spain uses the **euro,** the currency of all countries of the European Common Market.

In many Latin American countries, such as Mexico, the currency is the **peso.**

Venezuela uses the **bolívar,** named in honor of the Latin American hero Simón Bolívar.

In Guatemala, the currency is named after the beautiful national bird—**el quetzal.**

However, in some countries such as Panamá the monetary unit is the U.S. dollar.

El mundo hispanohablante

Guatemala

One could say that Guatemala is one of the most beautiful countries in the world. It is a country of mountains, volcanoes, and jungle. Three majestic volcanoes dot the shore of beautiful Lake Atitlán.

The colonial architecture of towns such as Antigua makes one feel that a walk through the town is like a tour of a museum.

Towns such as Chichicastenango, the majority of whose inhabitants are descendants of the Mayans, take one back into history, to the pre-Columbian days. The Mayans had developed an extremely advanced civilization that lasted for two thousand years. The reason for their decline has never been explained.

El lago Atitlán

Chichicastenango

Una calle de Antigua y el Volcán de Agua

Lección 5

Los días de la semana

Telling the days of the week

In this lesson you will use the names of the days of the week and you will ask and respond to questions about the current day.

Los días de la semana son:

lunes	martes	miércoles	jueves	viernes	sábado	domingo
1	2	3	4	5	6	7
8	9	10	11	12	13	14

To find out and give the day of the week, you say:

1 **¿Qué día es?** Answer in Spanish.

1. ¿Qué día es hoy?
2. ¿Qué día es mañana?
3. ¿Cuáles son los días de la semana?

Days of the week

The first day of the week in Spanish is **lunes**, not **domingo.**

Procesión religiosa durante la Semana Santa en Sevilla, España

El mundo hispanohablante

 Honduras

The coastal area of Honduras is very flat but the vast majority of the country is quite mountainous. Traditionally Honduras has been an agricultural nation. One third of the country is made up of rich farm land.

Tegucigalpa

The **hondureños,** the people of Honduras, have a reputation for being very friendly. The name of their capital, Tegucigalpa, comes from two indigenous words meaning *hill* and *silver*. Tegucigalpa in days gone by was a mining town.

San Pedro Sula was once an agricultural town but it has become quite an industrial center. Near San Pedro Sula is Copán. Many consider Copán to be the most beautiful of all the Mayan cities. It is believed that the Mayans inhabited Copán from 2000 B.C. The magnificent ruins at Copán include plazas, beautiful sculptures, ball courts, and majestic pyramids.

Casas en Islas de la Bahía

Copán. Honduras

Rompecabezas

 ¿Y qué? The two words in each line suggest a pattern. Can you think of another word to continue each pattern? Then, with a partner, make up some patterns of your own.

1. uno, dos, ...
2. diez, veinte, ...
3. dos, cuatro, ...
4. cinco, diez, ...
5. lunes, martes, ...
6. jueves, viernes, ...

Los números Use this *vocabulary book* organizer as you learn dates and numbers.

Step 1 **Fold** a sheet of paper (8½" x 11") in half like a *hot dog*.

Step 2 On one side, **cut** every third line. This usually results in ten tabs. Do this with three sheets of paper to make three books.

Step 3 Write one Arabic number on the outside of each of the tabs. On the inside write out the respective number. As you learn more numbers, use *vocabulary books* to categorize numbers in this way.

6

Los meses y las estaciones

Telling the months

In this lesson you will learn the months of the year and the seasons. You will also learn to ask for and respond to requests for the date.

Los meses del año son:

enero	abril	julio	octubre
febrero	mayo	agosto	noviembre
marzo	junio	septiembre	diciembre

Canta con Justo
Pamplona

U - no de e - ne - ro, dos de fe - bre - ro, tres de mar-zo, cua-tro dea-bril, cin-co de

ma - yo, seis de ju - nio, sie-te de ju - lio, San Fer - mín

a Pamplona hemos de ir
con una bota, con una bota,
con una bota y un tamborín.

Finding out and giving the date

To find out and give the date, you say:

¿Cuál es la fecha de hoy?

Hoy es el diez de septiembre.

When giving the date, you use **primero** for the first of the month.

Es el primero de enero.

1 **Mi cumpleaños** Each of you will stand up and give the date of your birthday in Spanish. Listen and keep a record of how many of you were born in the same month.

2 **La fecha, por favor.** Look at these calendars and give the dates.

enero						
lunes	martes	miércoles	jueves	viernes	sábado	domingo
		1	2	3	4	5
6	7	8	9	⑩	11	12
13	14	15	16	17	18	19
20	21	22	23	24		
27	28	29	30	31		

1.

marzo						
lunes	martes	miércoles	jueves	viernes	sábado	domingo
				1	2	3
4	5	6	7	8	9	10
11	12	13	14	15	16	17
18	19	20	㉑	22	23	24
25	26	27	28	29	30	31

2.

julio						
lunes	martes	miércoles	jueves	viernes	sábado	domingo
1	2	3	4	5	⑥	7
8	9	10	11	12	13	14
15	16	17	18	19	20	21
23	24	25	26			
30	31					

3.

septiembre						
lunes	martes	miércoles	jueves	viernes	sábado	domingo
1	2	3	4	5	6
7	8	9	10	11	12	13
⑭	15	16	17	18	19	20
21	22	23	24	25	26	27
28	29	30				

4.

3 **Fechas importantes** Give the Spanish for the following important dates.
1. January 1   2. July 4   3. February 14

Manos a la obra

4 **El calendario** Make your own calendar in Spanish. Remember to start the week with **lunes.** Also remember to use a small letter with the days of the week and months.

5 **¡Feliz cumpleaños!** Make a birthday card for a friend. Put your friend's birth date on the card.

Telling the seasons 🎧

Hay cuatro estaciones en el año. Son:

el invierno

el verano

la primavera

el otoño

6 **La *estación*, por favor.** Give the season in Spanish.

1. when school starts
2. when school ends
3. when Valentine's Day takes place
4. your birthday
5. U.S. Independence Day

Lección 6

Cultura

Fiestas

Some **fiestas** of Hispanic origin are celebrated in the United States. **El Día de los Muertos** is either **el primero** or **el dos de noviembre.** Mexican Americans decorate their homes with **esqueletos** that symbolize the spirits of the dead. It is a day to visit the cemetery.

Mexicans celebrate **el Cinco de Mayo** to commemorate a military victory against the French troops in the city of Puebla in 1862. **El Cinco de Mayo** is also celebrated in Texas.

El mundo hispanohablante

 Nicaragua

Managua, the capital of Nicaragua, is a city of lakes and legend. In the indigenous **náhuatl** language, Managua means *where there is an extension of water*.

The largest of the lakes is Lake Managua. There is something very interesting about this lake. Several saltwater species such as sharks and swordfish live in the lake because once upon a time there was access to the sea. Today the lake is landlocked. From Managua one can see the cone of the Momotombo volcano that from time to time belches forth a menacing column of smoke.

Two beautiful colonial towns of Nicaragua are León and Granada. León is the birthplace of Rubén Darío, one of the world's most famous poets.

Managua, Nicaragua

Lago Managua

León

7

El tiempo

Describing the weather

In this lesson you will learn to use some common weather expressions.

¿Qué tiempo hace?

Hace buen tiempo.   Hace calor.
Hay (Hace) sol.

Hace mal tiempo.
Llueve.

Hace frío.
Nieva.

Hace fresco.
Hace viento.

1 **¿Qué tiempo hace hoy?** Tell in Spanish what the weather is like today.

2 **El tiempo** Answer.

1. ¿Qué tiempo hace en el verano?
2. ¿Qué tiempo hace en el invierno?
3. ¿Qué tiempo hace en la primavera?
4. ¿Qué tiempo hace en el otoño?

Manos a la obra

3 **¿Calor o frío?** Draw a picture of your favorite type of weather.
Then describe your picture to the class in Spanish.

Lección 7

Cultura

Opposite seasons

Do you know that in Chile and Argentina people ski in July and August and go to the beach in December, January, and February? The seasons in the southern hemisphere are the opposite of those in the northern hemisphere. When it's winter in Europe and in the United States, it's summer in the countries of the southern hemisphere.

Casares, España, en julio

Spanish Online

For more information about weather in the Spanish-speaking world, go to spanish.glencoe.com.

Las Leñas, Argentina, en julio

 ## Costa Rica

Costa Rica is a very pleasant, peaceful country. It has no army and boasts of having more schoolteachers than police officers. Its people, the **ticos,** are noted for their politeness and friendliness.

The cities of Costa Rica, including its capital, San José, are in the central mountains. The Pacific coast has many black volcanic sand beaches. The Caribbean coast has tropical jungles. Many consider Costa Rica a tourists' paradise, especially for nature lovers.

Cordillera volcánica. Reserva central

Parque Central. San José

Playa en Puntarenas

Lección 7: El tiempo

treinta y cinco 35

La hora

Telling time

In this lesson you will learn to ask for and respond to requests for the time. You will also learn to tell at what time certain events take place.

Let's learn the numbers to sixty so we can
tell time in Spanish.

31	treinta y uno	41	cuarenta y uno	51	cincuenta y uno
32	treinta y dos	42	cuarenta y dos	52	cincuenta y dos
33	treinta y tres	43	cuarenta y tres	53	cincuenta y tres
34	treinta y cuatro	44	cuarenta y cuatro	54	cincuenta y cuatro
35	treinta y cinco	45	cuarenta y cinco	55	cincuenta y cinco
36	treinta y seis	46	cuarenta y seis	56	cincuenta y seis
37	treinta y siete	47	cuarenta y siete	57	cincuenta y siete
38	treinta y ocho	48	cuarenta y ocho	58	cincuenta y ocho
39	treinta y nueve	49	cuarenta y nueve	59	cincuenta y nueve
40	cuarenta	50	cincuenta	60	sesenta

1 **¡A contar!** Count from one to ten.

2 **De diez en diez** Count from 10 to 60 by tens.

3 **¿Qué número es?** Give the following numbers.

1. 12
2. 21
3. 32
4. 36
5. 41
6. 44
7. 28
8. 53
9. 38
10. 18
11. 57
12. 60

4 **Juego** **El número, por favor.** Someone goes
to the front of the room and writes on the board
numbers classmates give him or her. Take turns.

To find out the time you ask:

To tell time you say:

Es la una.   Son las dos.   Son las tres.

Son las cuatro.   Son las cinco.   Son las seis.   Son las siete.

Son las ocho.   Son las nueve.   Son las diez.   Son las once.   Son las doce.

Es la una
y cinco.
Son las dos
y diez.
Son las cinco
cuarenta.
Son las siete
y cuarto.
Son las ocho
y media.

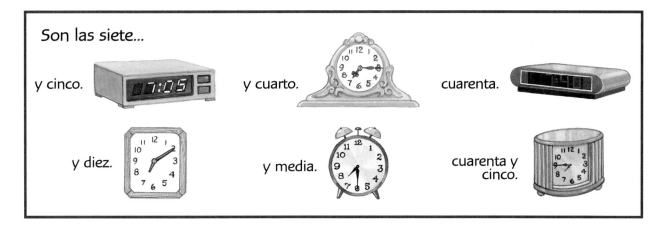

Son las siete...

y cinco.

y cuarto.

cuarenta.

y diez.

y media.

cuarenta y cinco.

5 **La hora, por favor.** Give the following times.

1.

2.

3.

4.

5.

6.

6 **¡Por favor!** Walk up to a classmate and ask for the time. Your classmate will answer you.

To find out and tell at what time something takes place you ask:

—¿A qué hora es la clase de español?
—Es a la una *or* Es a las diez y media.

7 **¿A qué hora es?** Tell at what time you have the following classes. Note that these words are cognates. Cognates look alike in Spanish and English, but be careful. They are pronounced differently.

La clase de matemáticas es...

1. matemáticas
2. historia
3. educación física
4. ciencias
5. español
6. inglés

 ## Manos a la obra

8 Draw pictures of some of your daily activities such as getting up in the morning, eating breakfast, walking or riding the bus to school, going to after-school sports, eating dinner, going to bed, etc. Then compare your pictures with those of a classmate. Both of you will tell when you do these activities. Keep track of how many activities you both do at the same time.

The Twenty-Four-Hour clock

1. In Spain and in many areas of Latin America, it is common to use the twenty-four-hour clock for formal activities such as reservations and train and airplane departures. Read the times below and guess what time it is in the United States.

   A las dieciocho horas
   A las veinte cuarenta

2. In most of the Spanish-speaking countries it is not considered rude to arrive a bit late for an appointment. If you have a 10 A.M. appointment, you would be expected sometime around 10:30.

El mundo hispanohablante

 ## Panamá

Ciudad de Panamá

Panama is a small but exciting country located on an isthmus that joins the Pacific and Atlantic oceans. It is a country of many races and cultures: Spanish, Chinese, African, Hindu, and indigenous.

Panama is the largest financial center in all of Latin America. The country also has beautiful beaches, lakes, rivers, and tropical forests.

Panama is home to the famous Panama Canal. Many consider the canal to be the eighth wonder of the world. The Panama Canal links the Atlantic with the Pacific.

There is a very interesting fact about the canal. The Pacific Ocean is certainly west of the Atlantic Ocean. On the isthmus, however, **Colón** on the Caribbean, or Atlantic side of the canal, is west of Panama City on the Pacific side.

Canal de Panamá

Isla Acuatupu

¡Hablo español!

Telling what I speak

In this lesson you will learn to ask and respond to questions about the languages you speak. You will use the forms **¿hablas?** and **hablo** appropriately.

When you hear a question with **hablas,** you answer with **hablo.**
You use **hablas** to speak to a friend **(tú)** and you use **hablo** to
speak about yourself **(yo).**

¿Tú? → **Yo**
¿Hablas? → **Hablo**

1 **¿Qué hablas?** Practice this conversation with a friend.

—**¿Hablas español?**
—**¿Quién? ¿Yo?**
—**Sí, tú.**
—**Sí, hablo español. Y tú, ¿hablas español también?**
—**Sí, yo también hablo español.**

2 **Juego** Get a beach ball. One person
throws the ball and asks **¿Hablas
español?** The one who catches the
ball answers, **Sí, hablo español.**

Yo hablo español
un poco. ¿Y tú?

Look at the Spanish names of these languages. You can probably guess the meanings since all these words are cognates.

italiano   chino
francés   japonés
portugués   árabe
ruso   griego
polaco   latín

El árabe

El griego

El chino

3 **¿Qué lengua?** Walk around the room and greet a classmate. Find out what language(s) he or she speaks. Then tell your classmate what language(s) you speak.

El francés

4 **Hablo...** If you speak a language other than English at home, tell the class what language you speak.

Languages

In the United States we hear many different languages spoken. Languages other than Spanish are also spoken in the Spanish-speaking world.

In Spain, for example, people in the autonomous community of **Cataluña** speak **catalán.** If you walk down the streets of Barcelona, you will hear **catalán** spoken and you will see signs in **catalán.** You will see from these two signs that Spanish and **catalán** are related.

Español

Catalán

The Basque language is spoken in the **Países vascos** in northern Spain. Basque is a mystery language in that no one is sure of its origins and there are only theories about its possible relationship to any other language.

In many areas of Latin America, indigenous languages are spoken as well as Spanish. For example, much of the indigenous population of Guatemala speaks **quiché.** These people are descendants of the ancient Mayans. In Peru, the descendants of the Incas speak **quechua.** Many of the indigenous peoples also speak Spanish. In very remote areas, however, the people may not know Spanish.

 **Cuba**

The western tip of Cuba is just ninety miles east of Key West, Florida. Like most of the Antilles, or Caribbean islands, Cuba is quite mountainous.

The nation's capital, **La Habana,** is a beautiful city with some of the most beautiful colonial architecture. Cuba also has many lovely beaches. One of its most famous is Varadero Beach not far from **La Habana.**

Since 1959 when Fidel Castro overthrew the dictator Fulgencio Batista, relations between Cuba and the United States have been very strained. Many Cubans live in exile in the United States and U.S. citizens are allowed to visit the island only under very special conditions. However, Europeans are flocking to Cuba and tourism is very much on the rise.

Una feria, Santiago de Cuba

Playa Varadero

La Habana

Lección

10 Necesito materiales escolares

Identifying classroom objects

In this lesson you will learn to use words for common classroom objects. You will also learn to tell what school supplies you need.

To find out what something is, you ask:

¿Qué es?

una mochila

una hoja de papel

una calculadora

una goma (de borrar),
un borrador

una regla

un cuaderno

un libro

un lápiz

una pluma, un bolígrafo

una silla

una mesa

un pupitre

una computadora

una pizarra, un pizarrón

un borrador

una tiza

1 **¿Qué es?** Go around the room. Pick up or point to a classroom object. Ask someone what it is.

2 **Necesito...** Go around the room. Tell a classmate what you need. Follow the model.

Necesito una goma.

Words you can use are:

una goma	una hoja de papel	una regla
un lápiz	un bolígrafo	un cuaderno

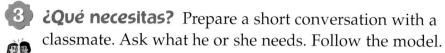
3 ¿Qué necesitas? Prepare a short conversation with a classmate. Ask what he or she needs. Follow the model.

—*(Name)*, ¿qué necesitas?

—**Necesito un lápiz.**

1.

2.

3.

4.

5.

6.

4 Amigo, necesitas... Look at a classmate and tell him or her what he or she needs. Follow the model.

Roberto has to erase the blackboard. →

Roberto, necesitas un borrador.

1. Teresa has to measure something.
2. Diego has to write something on a piece of paper.
3. Ana has to add a list of numbers.
4. Sofía has to sit down.
5. Paco has to read something good.

5 Juego La mochila Identify what's falling out of this backpack.

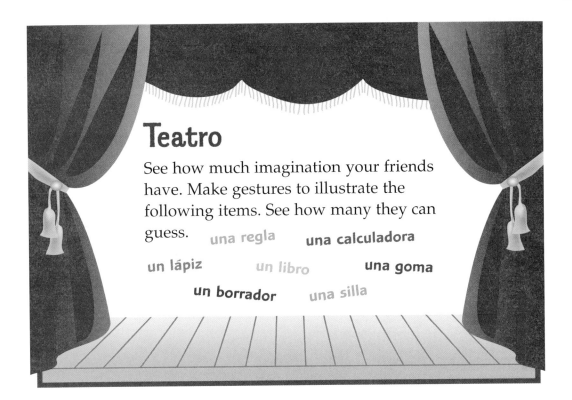

Teatro

See how much imagination your friends have. Make gestures to illustrate the following items. See how many they can guess.

una regla   una calculadora

un lápiz   un libro   una goma

un borrador   una silla

Cultura

School supplies

In most Spanish-speaking countries, students carry their books and school supplies in a backpack. Do you use a backpack, too?

6 **Juego** ¿Qué hay en la mochila?

Pass around a backpack. As each of you gets the backpack, put a school supply in it. Tell what you put in it—**Ahora en la mochila hay** (whatever you put in). See if you can also name all the things that are already in the backpack. Note that the game gets more complicated as it progresses.

El mundo hispanohablante

 La República Dominicana

The Dominican Republic has coasts on both the Atlantic Ocean and the Caribbean Sea. The Dominican Republic shares the island of Hispaniola with Haiti. Its people, **los dominicanos,** are very friendly and hospitable. From the moment you set foot in the Dominican Republic you will hear the lovely rhythm of the **merengue.**

The island of Hispaniola is the most mountainous of all the Antilles. The island, inhabited by **los tainos,** was first seen by a European when Columbus arrived on December 5, 1492. It was he who gave the name **La Española** to the island. The Dominican Republic broke from Haiti in 1844 and received its independence from Spain in 1865.

The capital, Santo Domingo, has a beautiful colonial area that dates from the sixteenth century. It is the oldest continuously inhabited city in this hemisphere.

The Dominican Republic has many beach resort areas and tourism is increasing at a rapid pace.

Calle de las Damas,
Santo Domingo

Una playa,
República Dominicana

⑦ Rompecabezas

Change one letter in each word to form a new word.

1. julio   4. es
2. hora   5. hay
3. los   6. bien

PLEGABLES™
Study Organizer

Las estaciones Use this *forward-backward book* to compare and contrast two seasons of your choice.

Step 1 **Stack** three sheets of paper. On the top sheet, trace a large circle.

Step 2 With the papers still stacked, **cut out** the circles.

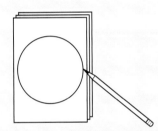

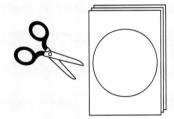

Step 3 **Staple** the paper circles together along the left-hand side to create a circular booklet.

Step 4 **Write** the name of a season on the cover and on the page that opens to the right list the months of the year in that particular season. On the following page draw a picture to illustrate the season.

El invierno

front

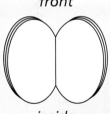

inside

Step 5 Turn the book upside down and write the name of a season on the cover. On the page that opens to the right list the months of the year in that particular season. On the following page draw a picture to illustrate the season.

back   El verano

inside

Lección

La ropa

At a clothing store

In this lesson you will learn to identify and shop for clothing. You will also learn to communicate in various situations that arise when shopping.

La tienda de ropa

Identifying articles of clothing 🎧

la gorra

la camisa

la camiseta

la blusa

la chaqueta, el saco

el pantalón corto

el pantalón largo

el blue jean

los tenis

los zapatos

1 **¿Qué llevas hoy?** In Spanish, tell what you are wearing today.

Hoy llevo...

2 **¿Qué llevas?** Answer.
1. ¿Llevas una blusa o una camisa a la escuela?
2. ¿Llevas un blue jean a la escuela?
3. ¿Llevas tenis o zapatos a la escuela?

3 **¿Qué es?** Answer.

1. ¿Es una blusa o un pantalón corto?

2. ¿Es un par de tenis o una camiseta?

3. ¿Es un pantalón corto o un pantalón largo?

5. ¿Es una gorra o un sombrero?

4. ¿Es un blue jean o un saco?

Teatro

¿Qué es? Make gestures to indicate the following items of clothing.

una gorra   un pantalón   **una camisa o una blusa**

una camiseta   **un saco**   **zapatos**

Conversación

En la tienda

4 **En la tienda** Practice the conversation with a friend. Use as much expression as possible.

5 **Necesito...** Answer with **sí.**

1. ¿Necesitas un pantalón?
2. ¿Buscas un pantalón largo?
3. ¿Hablas con el empleado en la tienda?
4. ¿Pagas en la caja?

6 En una tienda de ropa Pretend you are in a clothing store in Madrid. Tell the clerk the following.

1. what you are looking for
2. your size

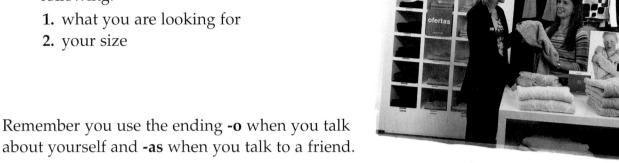

Remember you use the ending **-o** when you talk about yourself and **-as** when you talk to a friend.

yo	tú
hablo	hablas
llevo	llevas
necesito	necesitas
busco	buscas
uso	usas
pago	pagas

 7 Yo Make up your own answers.

1. ¿Hablas con el empleado en la tienda?
2. ¿Qué necesitas?
3. ¿Qué buscas?
4. ¿Qué talla usas?
5. ¿Cuánto pagas?
6. ¿Pagas en la caja?
7. ¿Dónde pagas?

Teatro

Act out the following.

hablo   busco

llevo   pago

Clothing sizes

The sizes for clothing in the United States are not the same as in Spain and many areas of Latin America. Take a look at this chart and find out what size you would take if you were living in Spain.

CONVERSION DE TALLAS						
Ropa de señora — Vestidos y abrigos						
Estados Unidos	6	8	10	12	14	16
España	36	38	40	42	44	46
Sudamérica	34	36	38	40	42	44
Ropa de señora — Blusas y jersey						
Estados Unidos	30	32	34	36	38	40
España	38	40	42	44	46	48
Sudamérica	38	40	42	44	46	48
Ropa de caballeros — Trajes						
Estados Unidos	34	36	38	40	42	44
España	44	46	48	50	52	54
Sudamérica	44	46	48	50	52	54
Calzado — señoras						
Estados Unidos	4	5	6	7	8	9
España	34/35	35/36	36/37	38/39	39/40	41/42
Sudamérica	2	3	4	5	6	7
Calzado — caballeros						
Estados Unidos	8	8½	9	9½	10	10½
España	41	42	43	43	44	45
Sudamérica	6	6½	7	7½	8	8½

Spanish Online

For more information about clothing in the Spanish-speaking world, go to spanish.glencoe.com.

El mundo hispanohablante

Puerto Rico

Puerto Ricans refer fondly to their island as **la isla del encanto**—*the island of enchantment*. Puerto Rico is a lush island with coast on both the Atlantic and Caribbean. Its interior is made up of small towns nestled in green mountains that remind one of Switzerland. Puerto Rico is home to the **coquí**— a tiny frog whose song or cry gives it its name.

San Juan, the capital, has a charming colonial section as well as a resort area and several high-rise commercial and banking areas. Ponce, the second largest city, on the southern Caribbean coast is called "the Pearl of the South" because of its beautiful colonial mansions and distinct architecture.

Puerto Rico is **un estado libre asociado,** or commonwealth, of the United States.

Viejo San Juan

Las montañas, Sabana Grande

San Juan

¡Leo!

En la tienda de ropa

Lucas Andrade habla con una empleada en una tienda de ropa en Madrid. Lucas necesita una camiseta. Él busca una camiseta. Usa la talla treinta. Lucas compra una camiseta. Él paga en la caja. Paga quince euros.

Reading Strategy

When you read in Spanish, hopefully you will know most of the words in the reading selection. However, sometimes you may come across a new word. Do not become frustrated. Keep reading. A good strategy is to guess the meaning of the word you do not know. Chances are you'll be able to figure out what the word means by the way in which it is used in the story.

In this short reading you will come across one new word—**compra.** Based on the information in the story, guess what it means.

OFERTA
15 €

¿Comprendes?

A. *Answer.*

1. ¿Habla Lucas con una empleada?
2. ¿Necesita Lucas una camiseta?
3. ¿Busca una camiseta?
4. ¿Compra Lucas una camiseta?
5. ¿Paga en la caja?
6. ¿Paga quince euros?

B. *Answer as indicated.*

1. ¿Quién habla con una empleada? (Lucas)
2. ¿Con quién habla? (con una empleada)
3. ¿Qué necesita Lucas? (una camiseta)
4. ¿Qué busca? (una camiseta)
5. ¿Qué compra? (una camiseta)
6. ¿Dónde paga? (en la caja)
7. ¿Cuánto paga? (quince euros)

C. *Make up a question. Use one of the following words. Follow the model.*

¿Quién?   ¿Qué?   ¿Dónde?   ¿Cuánto?
Roberto **habla.** →
¿Quién habla?

1. Roberto habla con *Teresa.*
2. Teresa necesita *un pantalón.*
3. Ella busca *un pantalón corto.*
4. Ella busca un pantalón *en la tienda.*
5. Paga *en la caja.*
6. Ella paga *treinta y dos euros.*

Una tienda de ropa. Marbella. España

Lección 12

You use the ending **-a** when you talk about someone else.

Anita, (ella)	Roberto, (él)
habla	habla
lleva	lleva
necesita	necesita
busca	busca
compra	compra
paga	paga

 Yo, no. María, sí. Change the story to **María.**

En la papelería

Yo necesito una calculadora. Uso una calculadora en la clase de matemáticas. Busco una calculadora en la papelería. Compro una calculadora. Pago en la caja. Pago veinte pesos.

Una papelería. Málaga. España

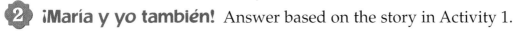

2 **¡María y yo también!** Answer based on the story in Activity 1.

1. ¿Qué necesita María?
   ¿Y tú? ¿Necesitas una calculadora?

2. ¿Dónde usa María una calculadora?
   ¿Y tú? ¿Usas una calculadora en la clase de matemáticas?

3. ¿Dónde busca María una calculadora?
   ¿Y tú? ¿Buscas una calculadora en la papelería?

4. ¿Qué compra María?
   ¿Y tú? ¿Qué compras?

5. ¿Dónde paga María?
   ¿Y tú? ¿Pagas en la caja?

6. ¿Cuánto paga María?
   ¿Y tú? ¿Pagas tres dólares o tres pesos?

3 **Juego** **Preguntas** Work in groups of four. In two minutes see who can make up the most questions using the following question words.

4 **De compras** Look at the illustrations. Make up a story in your own words to describe them.

Lección 12

El mundo hispanohablante

Venezuela

The first European to see Venezuela was Columbus on his third voyage. He sailed along the area where the Orinoco River empties into the Atlantic. Other explorers later mapped the area. They found indigenous populations living in palm-thatched huts on stilts in the water, using canoes for travel, so they named the area Venezuela, or "little Venice."

The geography of Venezuela is extremely varied. It has Caribbean beaches, Andean highlands, and along the banks of the Orinoco and Apure rivers the **llanos**—plains that are flooded six months of the year and drought-stricken the other six months. Venezuela is also one of the world's largest producers of oil.

Los Aleros, un pueblo venezolano

The capital, Caracas, is situated in a long, narrow valley some twelve miles south of the Caribbean coast. It is a very cosmopolitan city with many modern high rises and multilane highways. Its three-thousand-foot elevation gives it a pleasant springlike climate year-round.

Playa Guacuco, Isla Margarita

Caracas

Los colores

Identifying colors

In this lesson you will learn the names of colors. You will also be able to describe more fully the articles of clothing you learned in Lesson 11.

¿De qué color es?

(de color de) rosa   azul   verde   amarillo(a)

rojo(a)   blanco(a)   negro(a)   gris

To express some colors you use the name of something that is the color.

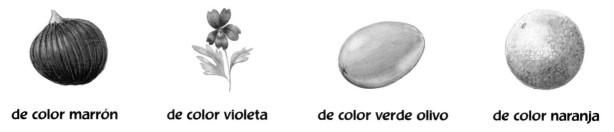

de color marrón   de color violeta   de color verde olivo   de color naranja

1 **¿Qué color es?** Give the following information in Spanish.

1. your favorite color
2. your least favorite color
3. the color of your pencil
4. the color of the sky today
5. colors you like for clothes

2 **¿De qué color?** What do you know about color combinations? Complete the following in Spanish.

1. El color _____ es una combinación de azul y amarillo.
2. El color _____ es una combinación de rojo y blanco.
3. El color _____ es una combinación de negro y blanco.

Cultura

Pablo Picasso

Pablo Picasso is one of the world's most famous modern artists. He was born in Málaga, Spain, in 1881. His mother claimed that Picasso could draw before he could talk. His father was an art teacher at the famous Barcelona Institute of Fine Arts. Pablo wished to enroll in this school. The entrance exam was so difficult that it often took students a month to complete. Picasso took the exam in one day! He was immediately admitted to the advanced classes.

As with many famous artists, Picasso's work went through many different periods or stages. Some of his periods are given the names of colors. The paintings of his "Blue Period" have a deep, dark blue background. They depicted scenes of loneliness, poverty, and suffering.

Children studying Picasso in China

A "Pink Period" followed his "Blue Period." Picasso was happier during this time. He painted scenes of acrobats and circus performers in warm, rose-colored hues.

Which painting is from Picasso's "Pink Period"? Which painting is from his "Blue Period"?

The Blind Man's Meal

Tumblers (Mother and Son)

El mundo hispanohablante

Colombia

Colombia covers 440,000 square miles of tropical and mountainous terrain with borders on both the Caribbean and Pacific coasts. Colombia has three Andean ranges. Nearly half of all Colombians live in the valleys of these Andean ranges.

A large section of the South is covered by jungle. The city of Leticia is Colombia's Amazon port.

Colombia is famous for its production of exquisite emeralds and delicious coffee. Medellín, the second largest city in the country, is the self-proclaimed orchid capital of the world.

One cannot speak of Colombia without mentioning gold. Long before the Spanish **conquistadores** came to Colombia, the Chibcha Indians worshipped the sun-colored metal and coated themselves in gold during their rituals. When the gold-seeking **conquistadores** arrived, they believed they had discovered the land of **El Dorado,** *the Gilded Man.*

The Gold Museum, **Museo del Oro,** in Bogotá, the capital, contains the best and most complete collection of gold objects in the world. Even Bogotá's international airport is named **El Dorado.**

Iglesia de San José, Medellín

Cartagena

Bogotá

Lección

14

¿Quién soy yo?

Telling who I am

In this lesson you will ask and respond to requests for one's name. You will also use the forms **eres** and **soy** appropriately.

> Yo soy Margarita.
> Y tú, ¿quién eres?

Lección 14

¡Hola!

¡Hola! ¿Quién eres?

¿Quién? ¿Yo?

Sí, tú.

Yo soy Madela Ortiz. Y tú, ¿quién eres?

Yo soy Rafael, Rafael Salas. Mucho gusto, Madela.

When you hear a question with **eres,** you answer with **soy.** You use **eres** to speak to a friend **(tú)** and **soy** to speak about yourself **(yo).**

tú → yo

¿eres? → soy

1 **Tú y yo** Walk around the classroom. Greet each of your classmates. Find out who each one is. Let each one know who you are.

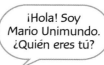

¡Hola! Soy Mario Unimundo. ¿Quién eres tú?

Conversación

2 Practice the conversation with a friend. Be as animated as possible.

3 **¡Hola! ¿Qué tal?** You are seated at a café in Seville, Spain. You start talking to the person next to you. Speak together saying as much as you can in Spanish.

Un café, Sevilla, España

4 Rompecabezas

El mensaje secreto Substitute numbers for letters to reveal what the two people are saying.

¡8-16-12-1!

¡8-16-12-1! ¿18-22-9-5-14 5-19-5-20?

20-16-26 17-1-3-16.

¡8-16-12-1, 17-1-3-16!

1. A	8. H	15. Ñ	22. U
2. B	9. I	16. O	23. V
3. C	10. J	17. P	24. W
4. D	11. K	18. Q	25. X
5. E	12. L	19. R	26. Y
6. F	13. M	20. S	27. Z
7. G	14. N	21. T	

Cultura

Names in Spanish

Some Spanish speakers use two last names. A young person, prior to marriage, uses the family name of both his or her father and mother. For example:

María Eugenia Guzmán Morales.

Guzmán is the name of María Eugenia's father's family and Morales is the name of her mother's family.

El mundo hispanohablante

Ecuador

Sitting directly on the equator, Ecuador is the meeting place of the high Andean sierra in the center, the coastal plain to the west, and the Amazon basin jungle to the east. Beautiful snowcapped volcanoes stretch some four hundred miles from north to south, and the stretch is appropriately named **el Valle de los Volcanes.**

Quito, the nation's capital, is located in the heart of the Central Valley. The city's beautiful old colonial section is sometimes called "the Florence of the Americas." The largest city of Ecuador is Guayaquil, which is also the country's largest seaport. The influence of Ecuador's indigenous populations, descendants of the mighty Incas, is evident throughout the country, but particularly in the highlands. Towns and cities such as Ibarra, Otavalo, Cajabamba, and Riobamba all have their colorful markets, each on a different day.

Calle La Ronda,
Casco histórico, Quito

El volcán Cotopaxi, Quito

Lección

15 Soy de...

Telling where I am from

In this lesson you will learn to ask about and respond to requests for geographic origin. You will also learn to ask for or give a person's nationality.

1 **Yo** Practice the conversation with a friend.

2 **Tú y yo** Answer.
1. ¿Quién eres?
2. ¿De dónde eres?
3. ¿De qué nacionalidad eres?

1. You use **es** when you speak about someone else.

Scott es americano y **Lupe es mexicana.**

2. When you describe a boy in Spanish, you use **-o.** You use **-a** when you describe a girl.

Kevin es americano.
Yo soy americano.

Susana es venezolana.
Yo soy venezolana.

 ## Manos a la obra

3 **Un amigo** Draw a picture of a male friend or relative. Give him a Spanish name. Then tell as much about him as you can.

4 **Una amiga** Draw a picture of a female friend or relative. Give her a Spanish name. Then tell as much about her as you can.

Guanajuato, México

Conversación

5 **¿Quién eres?** Practice the conversation with a classmate.

6 **Mark y Anita** Complete the following based on the information in the conversation.

Mark es de _____, Texas. Mark es _____. No es mexicano. _____ es de México. Es de Guadalajara. Anita no es _____. Anita es _____.

7 **¿De dónde eres?** Work with a classmate. Find out where he or she is from and his or her nationality. Then give your classmate the same information about yourself.

Lección 15

Cultura

Nationalities

People from all countries of North America, Central America, and South America are **americanos.** The term **americano** (sometimes **norteamericano**) is more frequently used, however, for citizens of the United States. One seldom hears the term **estadounidense** to refer to the nationality of a person. People from other countries of the Americas usually identify themselves more specifically as **colombiano, argentino, mexicano.** Do you know people from these countries?

Quintana Roo, México

Spanish Online

For more information on people in the Spanish-speaking world, go to spanish.glencoe.com.

El mundo hispanohablante

 Perú

Peru is a fascinating country of contrasts that is divided into three geographic areas. A narrow coastal strip of extremely arid desert extends the entire length of the country. The highlands, or **altiplano andino,** in the center of the country is home to half the population. To the east is the jungle which accounts for nearly two thirds of the land.

The capital, Lima, is a beautiful city on the coast. From June to October a misty fog called **la garúa** covers the city. **Limeños** will often go a few miles up the foothills of the Andes to Chosica, a small town above the fog layer where the sun almost always shines.

Nothing can prepare the visitor for the awe-inspiring view of the Incan city of Machu Picchu at an elevation of two thousand three hundred meters. Nearby are the beautiful colonial city of Cuzco (one thousand meters higher than Machu Picchu) and the lush Urubamba Valley.

The jungle area is locally known as **la selva,** or *the forest*. Iquitos, the Amazon port city, serves as the entranceway to the mysteries of the isolated indigenous villages that dot the river banks.

Machu Picchu

Un área rural peruana

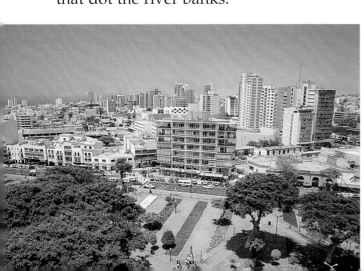

Miraflores, Lima

8 **Juego** **Cada uno en su sitio** Tell in which category each of the following belongs.

la camisa
la blusa mayo el pantalón enero
rojo treinta diez negro
diciembre los tenis
el blue jean verde cinco
dieciséis marzo azul
mayo dos blanco

LA ROPA	LOS COLORES	LOS NÚMEROS	LOS MESES
_____	_____	_____	_____
_____	_____	_____	_____
_____	_____	_____	_____
_____	_____	_____	_____

PLEGABLES™
Study Organizer

Preguntas Use this *tab book* to practice asking and answering questions.

Step 1 **Fold** a sheet of paper (8½″ x 11″) like a *hot dog* but fold it so that one side is one inch longer than the other.

Step 2 On the shorter side only, cut five equal tabs. On the front of each tab, write a question word you have learned. For example, you may wish to write the following.

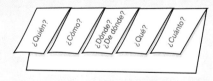

Step 3 On the bottom edge, write any sentence you would like.

Step 4 Under each flap, write the word from your sentence that answers the question on the front of the flap. Remember, you may not have an answer for every question word every time.

16

¡Estudio mucho!

Telling what I study

In this lesson you will learn to ask and respond to questions about school subjects. You will also learn to use the forms **¿estudias?** and **estudio** appropriately.

1 **Juego** **¿Sí o no?** Get a beach ball. One person throws the ball to another as he or she asks **¿Estudias español?** The person who catches the ball answers, **Sí, estudio...**

2 **¿Qué estudias?** Work with a classmate. Find out what you each study in school. You can easily guess the meaning of the words you'll need.

español   matemáticas, aritmética   educación física

ciencias

historia, ciencias sociales   inglés

arte (dibujo)   música

3 **Un curso** Follow the model.

Estudio español en la escuela. →
Tomo un curso de español.

1. Estudio ciencias en la escuela.
2. Estudio inglés en la escuela.
3. Estudio matemáticas en la escuela.
4. Estudio arte en la escuela.

Trinidad, Cuba

4 **Yo** Answer about yourself.

1. ¿En qué escuela estudias?
2. ¿Es una escuela intermedia?
3. ¿Estudias español?
4. ¿Hablas español en la clase de español?
5. ¿Cuántos cursos tomas?

Una escuela. San José, Costa Rica

 Manos a la obra

5 **Mi horario** Write out your school schedule in Spanish. Compare your schedule with that of another class member.

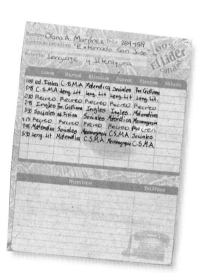

Education in Spain and in Latin America

In many schools in Spain and Latin America, classes do not meet every day. The students' schedules vary from day to day. Many subjects meet three times a week, for example. For this reason students take more subjects per semester than do American students.

Spanish Online

For more information about schools in the Spanish-speaking world, go to **spanish.glencoe.com**.

El mundo hispanohablante

 Bolivia

   Bolivia is one of two landlocked countries in South America. When one thinks of Bolivia, it is the mountains and altitude that come to mind. The capital of Bolivia, La Paz, is the world's highest capital at a height of 12,500 feet above sea level. Its airport is appropriately named **El Alto.** It is the world's highest airport at 13,450 feet. Bolivia also has the world's highest navigable lake, Lake Titicaca, at an altitude of 12,500 feet. The shoreline has many bays and inlets with farms on terraced hills. Many of the villages in the area are inhabited by the indigenous **aymara.** All of Bolivia is a country of dramatic landscapes and breathtaking beauty.

La Paz

Un aymara. Lago Titicaca

Lago Titicaca

Lección 16: ¡Estudio mucho!

¡Leo mucho!

 **Lectura**

Un alumno americano

Roberto Sanders es un alumno americano. Él es de San Francisco, en el estado de California. Roberto es alumno en una escuela intermedia de San Francisco. Roberto estudia español en la escuela. En la clase de español, él habla español.

Roberto toma seis cursos. Él es un alumno serio. ¿Lleva Roberto uniforme a la escuela? No, él no lleva uniforme. ¿Qué lleva? Lleva una camisa y un pantalón largo.

Reading Strategy

Cognates are words that look the same in two or more languages and mean the same thing. Look for cognates when you read. They will assist you a great deal in understanding a reading selection.

¡Hola! Yo soy Roberto Sanders. Yo soy americano.

¿Comprendes?

A. *Answer based on the reading.*

1. ¿De qué nacionalidad es Roberto?
2. ¿De dónde es?
3. ¿Dónde es Roberto alumno?
4. ¿Qué estudia Roberto en la escuela?
5. ¿Qué lengua habla en la clase de español?
6. ¿Cuántos cursos toma Roberto?
7. ¿Qué tipo de alumno es Roberto?
8. ¿Lleva Roberto uniforme a la escuela?
9. ¿Qué lleva a la escuela?

B. *Retell the story changing* **Roberto Sanders** *to* **yo.** *Make all the necessary changes.*

Una alumna mexicana

Lupe Garza es una alumna mexicana. Ella es de Guadalajara en el estado de Jalisco. Lupe es alumna en un colegio. Un colegio o una academia es una escuela secundaria en México. A veces[1] es una escuela primaria o elemental. Lupe estudia inglés en el colegio. En la clase de inglés, ella habla inglés.

Lupe toma ocho cursos. Ella es una alumna seria. ¿Lleva Lupe uniforme a la escuela? Sí, ella lleva uniforme. Ella lleva una falda y una blusa.

[1] A veces *Sometimes*

Alumnas mexicanas

¿Comprendes?

A. *Give the following information based on the reading.*
1. la nacionalidad de Lupe
2. de donde es Lupe
3. donde Lupe es alumna
4. lo que es un colegio en México
5. el número de cursos que toma Lupe
6. lo que lleva Lupe a la escuela

B. *From these short readings we learn two things that are different between Roberto's school in the United States and Lupe's school in Mexico. What are the two differences?*

C. *Do the following.*
1. Find the cognates in these two reading selections.
2. The word **alumna** is also used in English. However, its meaning is different from the meaning of **alumna** in Spanish. What's an *alumna* in English? What is the masculine form of this word in English?

Lección 17

El mundo hispanohablante

 Chile

Chile is a long, narrow country that stretches for 2,600 miles along the Pacific coast and is never more than 111 miles wide. In the north is the extremely arid Atacama desert, the driest desert in the world. The central valley where the capital, Santiago, is located is a fertile area of vineyards and farmlands. To the south are the beautiful lake district and the fjords and glaciers of the windswept Patagonia. Finally one comes to the Tierra del Fuego archipelago.

Many **chilenos** have dark hair and wide cheekbones of the original **araucanos.** However, Chile is a country that has seen many waves of migrations of British, Germans, Yugoslavs, French, and Italians.

Cerro Santa Lucía, Santiago

El volcán Osorno, Petrohue

El desierto Atacama

18 Mi familia

Identifying family members

In this lesson you will learn the words to identify members of a family. You will also learn to use the forms **¿tienes?** and **tengo** appropriately.

Soy Melinda Lagos.
Es mi padre.
Yo soy la hija de mi padre.
Julio es mi hermano.

Soy Julio Lagos.
Es mi madre.
Yo soy el hijo de mi madre.
Melinda es mi hermana.

Mi padre tiene una hermana.
Su hermana es Laura.
Su hermana es mi tía Laura.
Yo soy el sobrino de mi tía.

Mi madre tiene un hermano.
Su hermano es Alejandro.
Su hermano es mi tío Alejandro.
Yo soy la sobrina de mi tío.

Mi tía tiene un hijo.
Su hijo es mi primo.
Mi primo tiene trece años.

Mi tío tiene una hija.
Su hija es mi prima.
Mi prima tiene once años.

Yo soy el nieto de mis abuelos.

mis abuelos

También tengo un perro y un gato.

un gato

un perrito

Nota

You may have a stepparent or brother or sister. In Spanish, you can say:

mi padrastro   mi madrastra
mi hermanastro   mi hermanastra

1 **Yo** Answer about yourself.

1. ¿Eres la hija o el hijo de tu madre?
2. ¿Eres la sobrina o el sobrino de tu tía?
3. ¿Eres el nieto o la nieta de tus abuelos?
4. ¿Eres el primo o la prima de la hija de tu tío?

2 **Un diccionario** Complete.

1. mi _____: el hijo de mi padre o de mi madre
2. mi _____: la hija de mi padre o de mi madre
3. mi _____: el hermano de mi madre
4. mi _____: la hija de mi tío o de mi tía
5. mi _____: el padre de mi madre

3 Look at the illustration. Pretend you are one of the family members. Make up sentences telling who your relatives are.

Conversación 🎧

4 Practice the conversation with a classmate.

When you hear a question with **tienes** in Spanish, you answer **tengo.**

tú   →   yo
¿tienes?   →   tengo

When you speak about someone else, you say **tiene.**

él
ella | tiene

5 **Mi familia** Answer about your family.

1. ¿Tienes un hermano?
2. ¿Tienes una hermana?
3. ¿Cuántos hermanos tienes?
4. ¿Tienes una familia grande o pequeña?
5. ¿Tienes muchos primos?
6. ¿Cuántos primos tienes?

6 **Una familia grande o pequeña**

Make up a conversation. Follow the model.

una familia grande →
—¿Tienes una familia grande?
—Sí, (No, no) tengo una familia grande.

1. una familia pequeña
2. un hermano
3. muchas hermanas
4. muchos primos

Una familia española

7 **Juego** **¿Tienes... ?** Take turns throwing a ball to another student as you ask if he or she has something. He or she will answer with **sí** or **no** and then throw the ball to a third student, telling what he or she has.

8 **Mi familia** Complete.

1. Mi padre _____ un hermano. Su hermano es mi tío.
2. Mi madre _____ una hermana. Su hermana es mi tía.
3. Mi tía _____ muchos hijos. Y yo _____ muchos primos.

Telling age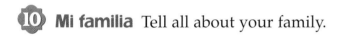

To tell how old you or someone else is, you say:
Tengo once años.
Mi hermana tiene catorce años.

To find out someone's age, you ask:
¿Cuántos años tienes?

¡Feliz Cumpleaños!

9 **¿Cuántos años?** Ask each of your classmates his or her age. Tell each one your age.

10 **Mi familia** Tell all about your family.

11 **La familia Gómez** Look at this photo of **la familia Gómez.** Say as much as you can about them.

Una familia de ascendencia mexicana

Lección 18

 # Manos a la obra

Es María, María Unimundo. Ella es mi hermana.

12 **Un árbol genealógico** Make up a family tree. Label the members.

 # Cultura

The family in Hispanic culture

La familia is an extremely important unit in all Spanish-speaking cultures. The family gets together to celebrate the major holidays as well as all personal events, such as birthdays, baptisms, anniversaries, etc. In addition to the parents and children, the extended Hispanic family often includes grandparents, uncles, aunts, distant cousins, and godparents. Here we see family members gathered for a wedding.

Una familia española

El mundo hispanohablante

Argentina

Argentina is the second largest country in South America. Argentina is an extremely cosmopolitan country with many people of Spanish, German, English, and Italian descent.

Argentina is known for many things. One is the famous **bife argentino** that comes from the cattle that grazes on the vast expanses of grasslands or **pampas** tended by the legendary **gauchos** or Argentine cowboys. In the windswept Patagonia to the south, Welsh sheepherders tend their flocks. Argentina is also known for its beautiful lake region around San Carlos de Bariloche.

The capital, Buenos Aires, is a beautiful city of wide boulevards and parks. The streets of Buenos Aires gave birth to the ever popular **tango argentino.** This exciting city is also one of the world's largest seaports.

Monte Fitzroy. Patagonia

Las pampas

La Casa Rosada. Buenos Aires

In the extreme south there is another much smaller port, Ushuaia, located on the straights of Magellan. Ushuaia is the world's southernmost city and serves as the gateway to the Antarctic Continent.

Lección

19 Mi casa

Describing my house

In this lesson you will learn to name the rooms of a house. You will also learn to use the form **hay** appropriately.

la casa

el garaje

el carro

el jardín

Hay means *there is* or *there are* in Spanish.

Hay un jardín alrededor de la casa.

Hay plantas en el jardín.

Hay un carro en el garaje.

el apartamento, el departamento

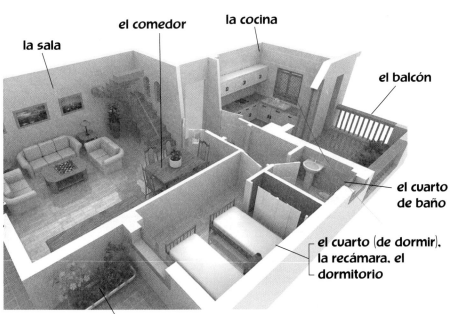

la sala

el comedor

la cocina

el balcón

el cuarto de baño

el cuarto (de dormir), la recámara, el dormitorio

la terraza

1 **¿Qué cuarto es?** Look at these photographs of the interiors of houses in Spanish-speaking countries. Give the name in Spanish for each room.

1.

2.

3.

4.

5.

2 Mi casa Answer.

1. ¿Tienes una casa grande o pequeña?
2. ¿Tiene tu familia una casa o un apartamento?
3. ¿Cuántos cuartos hay en la casa o el apartamento?
4. ¿Tiene la casa un jardín? ¿Tiene el apartamento un balcón?
5. ¿Tiene tu familia un carro?

Manos a la obra

3 La casa de mis sueños Draw a picture of your dream house. Then say as much as you can about it in Spanish.

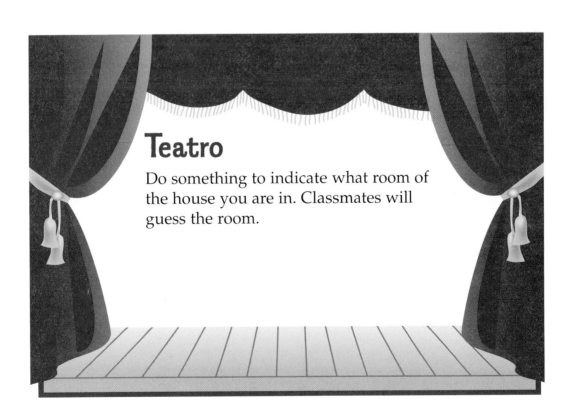

Teatro

Do something to indicate what room of the house you are in. Classmates will guess the room.

Cultura

Homes in the Spanish-speaking world

A large percentage of the population in Spain and Latin America live in the large cities such as Madrid, Lima, Quito, Caracas, Cali. Since many people are city dwellers, they tend to live in apartments. Many families own their apartment. The concept of a condominium is very common and has existed for a long time in the Spanish-speaking countries.

San Isidro, Perú

Málaga, España

Buenos Aires, Argentina

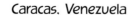
Caracas, Venezuela

El mundo hispanohablante

Paraguay

Paraguay, like Bolivia, is a landlocked nation. Most of its terrain is barren plains, subtropical farmland, and thick jungle. All the western section of the country is a desolate, sparsely populated area called the **Chaco.**

The capital, Asunción, is situated on a series of seven hills on the east bank of the River Paraguay. Many of the city's streets are lined with flowering trees and palms. It gets quite hot in the capital so people tend to get up early and go to work before the temperature soars. Some shops and public buildings open as early as 6:30 A.M. Asunción is situated just about the same distance from the Atlantic to the east and the Andes to the west.

Asunción

Los Saltos Iguazú

El río Paraguay

20 ¡Leo como un pro!

Lectura

Una amiga puertorriqueña

¡Hola! ¿Qué tal? Yo soy Marisol Campos. Soy puertorriqueña. Soy de Hatillo, Puerto Rico. En Puerto Rico el verano es eterno. Siempre hace calor. Hay mucho sol. A veces llueve, pero no mucho.

Mi familia tiene una casa en Hatillo. La casa tiene siete cuartos. Y tiene un jardín bonito. En el jardín hay muchas plantas y flores tropicales.

Mi familia no es muy grande. Yo tengo solamente un hermano. Mi hermano tiene nueve años y yo tengo doce años.

Yo estudio en una escuela intermedia en Hatillo. Soy una alumna seria. Yo tomo seis cursos. Llevo un uniforme a la escuela. Compro el uniforme en una tienda de ropa. ¿Qué compro? Compro una falda y una blusa. ¿Y tú? ¿Llevas uniforme a la escuela?

¿Comprendes?

A. *Answer.*
1. ¿De qué nacionalidad es Marisol?
2. ¿De dónde es?
3. ¿Cuántos cuartos tiene la casa de la familia de Marisol?
4. ¿Tiene un jardín?
5. ¿Qué hay en el jardín?
6. ¿Es grande o pequeña la familia de Marisol?
7. ¿Cuántos hermanos tiene Marisol?
8. ¿Cuántos años tiene él?
9. ¿Y cuántos años tiene ella?
10. ¿Dónde estudia Marisol?
11. ¿Qué lleva ella a la escuela?

B. *Answer about yourself.*
1. ¿Quién eres?
2. ¿De dónde eres?
3. ¿Tienes una familia grande o pequeña?
4. ¿Cuántos hermanos tienes?
5. ¿Cuántos años tienes?
6. ¿Dónde estudias?
7. ¿Cuántos cursos tomas?
8. ¿Qué llevas a la escuela?
9. ¿Dónde compras la ropa?

C. *Read the first paragraph again and answer.*
1. What word means *always*?
2. What phrase means *sometimes*?

D. *Describe the weather in Puerto Rico.*

Playa de Guajataca, Puerto Rico

Conexiones
La ciencia 🎧

Read the following passage about biology. You will be amazed how easy it is.

La biología

La biología es una ciencia. Es la ciencia que estudia las plantas y los animales. El biólogo o la bióloga es el científico que estudia la biología. El biólogo o la bióloga trabaja en un laboratorio. Para sus investigaciones usa un microscopio. En el microscopio observa y estudia células, bacteria y virus.

Reading Strategy

When reading in a foreign language, it is important to guess the meaning of certain words you may not know. You can do this by trying to understand the word in the context of the sentence. As you read this selection, guess the meaning of the word **trabaja.**

¿Comprendes?

In the reading, find a word that is related to each of the following.
1. el biólogo
2. la ciencia
3. el estudio
4. la observación
5. investiga
6. celular
7. viral

El mundo hispanohablante

Uruguay

Uruguay is the smallest country in South America. Much of the country is vast, fertile grasslands where you'll see gauchos everywhere astride their horses tending their cattle. Uruguay's plains are famous for their ranches called **estancias.**

Montevideo, the capital, is a beautiful, peaceful city on the banks of the **Río de la Plata.** Right within the city there are many lovely beaches that run from Pocitos Beach to Carrasco. The **Rambla** that borders the beaches makes for a lovely promenade. The crew of the Portuguese explorer Ferdinand Magellan sailed into the **Río de la Plata** and one sailor saw a hill and shouted out in Portuguese **Monte video,** *(I see a mountain).* Montevideo gets its name from this sailor's statement.

Plaza Independencia. Montevideo

Punta del Este

Los gauchos

Rompecabezas

Un pariente Unscramble the letters to reveal the names of relatives. Then unscramble the circled letters to reveal the mystery relative.

1. B U A L E O $\underline{0}\underline{\ }\underline{\ }\underline{\ }\underline{\ }\underline{\ }$

2. D A M R E $\underline{\ }\underline{\ }\underline{0}\underline{\ }\underline{\ }$

3. R I A P M $\underline{0}\underline{\ }\underline{\ }\underline{\ }\underline{\ }$

4. T I E N O $\underline{\ }\underline{\ }\underline{0}\underline{\ }\underline{\ }$

5. O N I R B O S $\underline{\ }\underline{\ }\underline{\ }\underline{0}\underline{\ }\underline{\ }\underline{\ }$

$\underline{\ }\underline{\ }\underline{\ }\underline{\ }\underline{\ }$

PLEGABLES™ Study Organizer

Study Organizer Use this *minibook* to organize all the cognates you have learned so far. After your book is made, write a cognate on the right-hand side of the first page and what it means on the back of the page. Continue adding to your *minibook* as you continue with your study of Spanish.

Step 1 Fold a sheet of paper (8½″ x 11″) in half like a *hot dog*.

Step 2 Fold it in half again like a *hamburger*.

Step 3 Then **fold** it in half again, forming eights.

Step 4 Open the fold and cut into four sections.

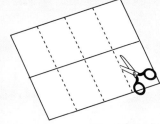

Step 5 Staple along the center fold line. Glue the front and back sheets into a construction paper cover.

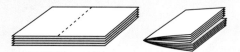

Handbook

Spanish-English Dictionary

This Spanish-English Dictionary contains all productive and receptive vocabulary from **¿Cómo te va? Intro, Nivel rojo.** The bold numbers following each productive entry indicate the lesson in which the word is introduced. If there is no number following an entry, this means that the word or expression is included for receptive purposes only.

a at, **8**
  ¿a qué hora? at what time?, **8**
  a veces at times, sometimes, **17**
  abril April, **6**
la **abuela** grandmother, **18**
el **abuelo** grandfather, **18**
la **academia** academy, school, **17**
  adiós good-bye, **2**
  agosto August, **6**
  alrededor de around, **19**
el/la **alumno(a)** student, **17**
  amarillo(a) yellow, **13**
  americano(a) American, **15**
el/la **amigo(a)** friend
el **animal** animal, **20**
el **año** year, **6**
el **apartamento** apartment, **19**
el **árbol** tree
la **aritmética** arithmetic, **16**
el **arte** art, **16**
  azul blue, **13**

la **bacteria** bacteria, **20**
el **balcón** balcony, **19**
  bien well, **1**
el **bife argentino** Argentine beef
la **biología** biology, **20**
el/la **biólogo(a)** biologist, **20**
  blanco(a) white, **13**
el **blue jean** jeans, **11**
la **blusa** blouse, **11**
el **bolígrafo** ballpoint pen, **10**
el **bolívar** currency of Venezuela
  bonito(a) pretty, **20**
el **borrador** eraser, **10**
  Buenas noches. Good evening., **1**

  Buenas tardes. Good afternoon., **1**
  Buenos días. Good morning., **1**
el **burrito** burrito, **4**
  busca looks for, **11**

la **caja** cash register, **11**
la **calculadora** calculator, **10**
el **calendario** calendar
la **camisa** shirt, **11**
la **camiseta** T-shirt, **11**
el **carro** car, **19**
la **casa** house, **19**
  catorce fourteen, **3**
la **célula** cell, **20**
  chao good-bye, **2**
la **chaqueta** jacket, **11**
el/la **chileno(a)** Chilean
las **ciencias** sciences, **8**
el/la **científico(a)** scientist, **20**
  cinco five, **3**
  cincuenta fifty, **8**
  cincuenta y cinco fifty-five, **8**
  cincuenta y cuatro fifty-four, **8**
  cincuenta y dos fifty-two, **8**
  cincuenta y nueve fifty-nine, **8**
  cincuenta y ocho fifty-eight, **8**
  cincuenta y seis fifty-six, **8**
  cincuenta y siete fifty-seven, **8**
  cincuenta y tres fifty-three, **8**
  cincuenta y uno fifty-one, **8**
la **ciudad** city
la **cocina** kitchen, **19**
la **cola** cola
el **colegio** school, **17**
el **color** color, **13**
el **comedor** dining room, **19**
  compra buys, **12**
la **computadora** computer, **10**
la **conversación** conversation

Spanish-English Dictionary

la **cortesía** courtesy, politeness
corto(a) short, **11**
el **cuaderno** notebook, **10**
¿cuál? which?, what?, **6**
 ¿Cuál es la fecha de hoy? What is today's date?, **6**
¿cuánto? how much?, **3**
¿cuántos? how many?, **3**
 ¿Cuánto es? How much is it? (cost), **3**
cuarenta forty, **8**
cuarenta y cinco forty-five, **8**
cuarenta y cuatro forty-four, **8**
cuarenta y dos forty-two, **8**
cuarenta y nueve forty-nine, **8**
cuarenta y ocho forty-eight, **8**
cuarenta y seis forty-six, **8**
cuarenta y siete forty-seven, **8**
cuarenta y tres forty-three, **8**
cuarenta y uno forty-one, **8**
el **cuarto** room, **19**
 el cuarto de baño bathroom, **19**
 el cuarto de dormir bedroom, **19**
cuatro four, **3**
el **cumpleaños** birthday, **6**
el **curso** course, **17**

de of, **5;** from, **15**
 de cinco en cinco by fives
 de color marrón brown, **13**
 de color naranja orange, **13**
 de color rosa pink, **13**
 de color verde olivo olive green, **13**
 de color violeta violet, **13**
 ¿de dónde? from where?, **15**
 de dos en dos by twos
 De nada. You're welcome., **4**
 ¿de qué color? what color?, **13**
el **departamento** apartment, **19**
el **día** day, **5**
el **dibujo** art, drawing, **16**
diciembre December, **6**
diecinueve nineteen, **3**
dieciocho eighteen, **3**
dieciséis sixteen, **3**
diecisiete seventeen, **3**
diez ten, **3**

doce twelve, **3**
el **domingo** Sunday, **5**
¿dónde? where?, **11**
 ¿de dónde? from where?, **15**
el **dormitorio** bedroom, **19**
dos two, **3**

la **educación física** physical education, **8**
él he, **12**
ella she, **12**
el/la **empleado(a)** employee, **11**
en in, **6**
la **enchilada** enchilada, **4**
enero January, **6**
la **ensalada** salad, **4**
Es a la una (las dos...). It's at one (two . . .) o'clock., **8**
la **escuela** school, **16**
 la escuela elemental elementary school, **17**
 la escuela intermedia middle school, **17**
 la escuela primaria elementary school, **17**
 la escuela secundaria secondary school, **17**
el **español** Spanish, **9**
la **estación** season, **6**
el **estado** state
estudia studies, **16**
eterno(a) eternal, **20**
el **euro** currency of countries of the European Common Market

la **falda** skirt, **17**
la **familia** family, **18**
febrero February, **6**
la **fecha** date, **6**
Feliz cumpleaños. Happy birthday., **6**
la **fiesta** holiday, festival
la **flor** flower, **20**
el **francés** French, **9**

Spanish-English Dictionary

el **garaje** garage, **19**
el **gato** cat, **18**
la **geografía** geography
la **goma (de borrar)** eraser, **10**
la **gorra** cap, **11**
    gracias thank you, **4**
    grande big, large, **18**
    gris gray, **13**

    habla talks, speaks, **9**
    Hace buen tiempo. The weather is nice., **7**
    Hace calor. It's hot., **7**
    Hace fresco. It's cool., **7**
    Hace frío. It's cold., **7**
    Hace mal tiempo. The weather is bad., **7**
    Hace sol. It's sunny., **7**
    Hace viento. It's windy., **7**
    Hasta luego. See you later., **2**
    Hasta mañana. See you tomorrow., **2**
    Hasta pronto. See you soon., **2**
    hay there is, there are, **19**
        Hay sol. It's sunny., **7**
la **hermana** sister, **18**
la **hermanastra** stepsister, **18**
el **hermanastro** stepbrother, **18**
el **hermano** brother, **18**
la **hija** daughter, **18**
el **hijo** son, **18**
    hispanohablante Spanish-speaking
la **historia** history, **8**
la **hoja de papel** piece of paper, **10**
    hola hello, **1**
la **hora** time, **8**
    ¿a qué hora? at what time?, **8**
    ¿Qué hora es? What time is it?, **8**
el **horario** schedule
    hoy today, **5**
    Hoy es... Today is . . . , **5**

    importante important
el **inglés** English, **9**
la **investigación** research, **20**
el **invierno** winter, **6**

el **jardín** garden, **19**
el **juego** game
el **jueves** Thursday, **5**
    julio July, **6**
    junio June, **6**

el **laboratorio** laboratory, **20**
el **lápiz** pencil, **10**
    largo(a) long, **11**
el **latín** Latin, **9**
la **lección** lesson
la **lengua** language, **9**
el **libro** book, **10**
la **limonada** lemonade, **4**
    lleva wears, **11**
    Llueve. It rains., **7**
el **lunes** Monday, **5**

la **madrastra** stepmother, **18**
la **madre** mother, **18**
el **martes** Tuesday, **5**
    marzo March, **6**
las **matemáticas** mathematics, **8**
los **materiales escolares** school supplies, **10**
    mayo May, **6**
el **mes** month, **6**
la **mesa** table, **10**
    mi my, **18**

Spanish-English Dictionary

el **microscopio** microscope, **20**
el **miércoles** Wednesday, **5**
la **mochila** backpack, knapsack, **10**
la **muchacha** girl, **2**
el **muchacho** boy, **2**
   mucho(a) a lot, much, **20**
     Mucho gusto. Nice to meet you., **14**
   muchos(as) many, **20**
la **música** music, **16**
   Muy bien. Very well., **1**

la **nacionalidad** nationality, **15**
   necesita needs, **11**
   negro(a) black, **13**
la **nieta** granddaughter, **18**
el **nieto** grandson, **18**
   Nieva. It snows., **7**
   no no, not, **15**
     No hay de qué. You're welcome., **4**
   noviembre November, **6**
   nueve nine, **3**
el **número** number, **3**

   observa observes, **20**
   ocho eight, **3**
   octubre October, **6**
   once eleven, **3**
el **otoño** fall, **6**

el **padrastro** stepfather, **18**
el **padre** father, **18**
   paga pays, **11**
la **palabra** word
el **pantalón** pants, **11**
    el pantalón corto shorts, **11**
    el pantalón largo long pants, **11**
el/la **pariente** relative
   pequeño(a) small, **18**

el **perrito** little dog, **18**
el **perro** dog, **18**
el **peso** peso, **3**
la **pizarra** chalkboard, **10**
el **pizarrón** chalkboard, **10**
la **pizza** pizza, **4**
la **planta** plant, **19**
la **pluma** ballpoint pen, **10**
   por favor please, **4**
   Por nada. You're welcome., **4**
la **pregunta** question
la **primavera** spring, **6**
el **primero** the first, **6**
el/la **primo(a)** cousin, **18**
   pues well
el **pupitre** desk, **10**

   ¿qué? what?, **3**
    ¿Qué hora es? What time is it?, **8**
    ¿Qué tal? How are you?, **1**
    ¿Qué tiempo hace? What's the weather (like)?, **7**
   ¿quién? who?, **9**
   quince fifteen, **3**

la **recámara** bedroom, **19**
la **regla** ruler, **10**
   rojo(a) red, **13**
la **ropa** clothing, **11**

el **sábado** Saturday, **5**
el **saco** jacket, **11**
la **sala** living room, **19**
el **saludo** greeting
el **sándwich** sandwich, **4**
   seis six, **3**
la **selva** forest
la **semana** week, **5**

Spanish-English Dictionary

señor sir, Mr., **1**
señora Mrs., Ms., **1**
señorita miss, Ms., **1**
septiembre September, **6**
serio(a) serious, **17**
sesenta sixty, **8**
setenta seventy, **8**
sí yes, **9**
siete seven, **3**
la silla chair, **10**
la sobrina niece, **18**
el sobrino nephew, **18**
la soda soda, **4**
solamente only, **20**
el sombrero hat, **11**
Son las cinco. It's five o'clock., **8**
   Son las cinco y cuarto. It's quarter
     after five., **8**
   Son las cinco y media. It's five thirty., **8**

el taco taco, **4**
la talla size, **11**
también also, too, **9**
el té tea, **4**
los tenis tennis shoes, sneakers, **11**
la terraza terrace, **19**
la tía aunt, **18**
el tiempo weather, **7**
   Hace buen tiempo. The weather is
     nice., **7**
   Hace mal tiempo. The weather
     is bad., **7**
   ¿Qué tiempo hace? What's the weather
     (like)?, **7**
la tienda de ropa clothing store, **11**
tiene has, **18**
el tío uncle, **18**
típico(a) typical
la tiza chalk, **10**
toma takes, **17**
la tostada tostada (Mexican dish), **4**
trabaja works, **20**
trece thirteen, **3**
treinta thirty, **3**

treinta y cinco thirty-five, **8**
treinta y cuatro thirty-four, **8**
treinta y dos thirty-two, **8**
treinta y nueve thirty-nine, **8**
treinta y ocho thirty-eight, **8**
treinta y seis thirty-six, **8**
treinta y siete thirty-seven, **8**
treinta y tres thirty-three, **8**
treinta y uno thirty-one, **8**
tres three, **3**
tú you, **9**

un (una, uno) one; a, an, **3**
el uniforme uniform, **17**
usa uses, **20**

veinte twenty, **3**
veinticinco twenty-five, **3**
veinticuatro twenty-four, **3**
veintidós twenty-two, **3**
veintinueve twenty-nine, **3**
veintiocho twenty-eight, **3**
veintiséis twenty-six, **3**
veintisiete twenty-seven, **3**
veintitrés twenty-three, **3**
veintiuno twenty-one, **3**
el verano summer, **6**
verde green, **13**
el viernes Friday, **5**
el virus virus, **20**

y and, **1**
yo I, **9**

los zapatos shoes, **11**

English-Spanish Dictionary

This English-Spanish Dictionary contains all productive and receptive vocabulary from ¿Cómo te va? Intro, Nivel rojo. The bold numbers following each productive entry indicate the lesson in which the word is introduced. If there is no number following an entry, this means that the word or expression is included for receptive purposes only.

a lot mucho(a), **20**
academy la academia, **17**
also también, **9**
American americano(a), **15**
and y, **1**
animal el animal, **20**
apartment el apartamento, el departamento, **19**
April abril, **6**
arithmetic la aritmética, **16**
around alrededor de, **19**
art el arte, el dibujo, **16**
at a, **8**
   at times a veces, **17**
   at what time? ¿a qué hora?, **8**
August agosto, **6**
aunt la tía, **18**
autumn el otoño, **6**

backpack la mochila, **10**
bacteria la bacteria, **20**
balcony el balcón, **19**
ballpoint pen el bolígrafo, la pluma, **10**
bathroom el cuarto de baño, **19**
bedroom el cuarto de dormir, el dormitorio, la recámara, **19**
big grande, **18**
biologist el/la biólogo(a), **20**
biology la biología, **20**
birthday el cumpleaños, **6**
black negro(a), **13**
blouse la blusa, **11**
blue azul, **13**
book el libro, **10**
boy el muchacho, **2**
brother el hermano, **18**

brown de color marrón, **13**
burrito el burrito, **4**
buys compra, **12**

calculator la calculadora, **10**
cap la gorra, **11**
car el carro, **19**
cash register la caja, **11**
cat el gato, **18**
cell la célula, **20**
chair la silla, **10**
chalk la tiza, **10**
chalkboard la pizarra, el pizarrón, **10**
Chilean el/la chileno(a)
city la ciudad
clothing la ropa, **11**
clothing store la tienda de ropa, **11**
cola la cola
color el color, **13**
computer la computadora, **10**
conversation la conversación
course el curso, **17**
courtesy la cortesía
cousin el/la primo(a), **18**

date la fecha, **6**
daughter la hija, **18**
day el día, **5**
December diciembre, **6**
desk el pupitre, **10**
dining room el comedor, **19**
dog el perro, **18**
   little dog el perrito, **18**
drawing el dibujo, **16**

English-Spanish Dictionary

eight ocho, **3**
eighteen dieciocho, **3**
elementary school la escuela elemental, la escuela primaria, **17**
eleven once, **3**
employee el/la empleado(a), **11**
enchilada la enchilada, **4**
English el inglés, **9**
eraser el borrador; la goma (de borrar), **10**
eternal eterno(a), **20**

fall el otoño, **6**
family la familia, **18**
father el padre, **18**
February febrero, **6**
fifteen quince, **3**
fifty cincuenta, **8**
fifty-eight cincuenta y ocho, **8**
fifty-five cincuenta y cinco, **8**
fifty-four cincuenta y cuatro, **8**
fifty-nine cincuenta y nueve, **8**
fifty-one cincuenta y uno, **8**
fifty-seven cincuenta y siete, **8**
fifty-six cincuenta y seis, **8**
fifty-three cincuenta y tres, **8**
fifty-two cincuenta y dos, **8**
five cinco, **3**
flower la flor, **20**
forty cuarenta, **8**
forty-eight cuarenta y ocho, **8**
forty-five cuarenta y cinco, **8**
forty-four cuarenta y cuatro, **8**
forty-nine cuarenta y nueve, **8**
forty-one cuarenta y uno, **8**
forty-seven cuarenta y siete, **8**
forty-six cuarenta y seis, **8**
forty-three cuarenta y tres, **8**
forty-two cuarenta y dos, **8**
four cuatro, **3**
fourteen catorce, **3**
French el francés, **9**
Friday el viernes, **5**
friend el/la amigo(a)

from de, **15**
    from where? ¿de dónde?, **15**

garage el garaje, **19**
garden el jardín, **19**
geography la geografía, **1**
girl la muchacha, **2**
Good afternoon. Buenas tardes., **1**
Good evening. Buenas noches., **1**
Good morning. Buenos días., **1**
good-bye adiós, chao, **2**
granddaughter la nieta, **18**
grandfather el abuelo, **18**
grandmother la abuela, **18**
grandson el nieto, **18**
gray gris, **13**
green verde, **13**
greeting el saludo

Happy birthday. Feliz cumpleaños., **6**
has tiene, **18**
hat el sombrero, **11**
he él, **12**
hello hola, **1**
history la historia, **8**
house la casa, **19**
How are you? ¿Qué tal?, **1**
how many? ¿cuántos?, **3**
how much? ¿cuánto?, **3**
    How much is it? (cost) ¿Cuánto es?, **3**

I yo, **9**
important importante
in en, **6**
It rains. Llueve., **7**
It snows. Nieva., **7**
It's at one (two . . .) o'clock. Es a la una (las dos...)., **8**
It's cold. Hace frío., **7**
It's cool. Hace fresco., **7**

English-Spanish Dictionary

It's five o'clock. Son las cinco., **8**
It's five thirty. Son las cinco y media., **8**
It's hot. Hace calor., **7**
It's quarter after five. Son las cinco
    y cuarto., **8**
It's sunny. Hace sol., Hay sol., **7**
It's windy. Hace viento., **7**

jacket la chaqueta, el saco, **11**
January enero, **6**
jeans el blue jean, **11**
July julio, **6**
June junio, **6**

kitchen la cocina, **19**
knapsack la mochila, **10**

laboratory el laboratorio, **20**
language la lengua, **9**
large grande, **18**
Latin el latín, **9**
lemonade la limonada, **4**
living room la sala, **19**
long largo(a), **11**
    long pants el pantalón largo, **11**
looks for busca, **11**

many muchos(as), **20**
March marzo, **6**
mathematics las matemáticas, **8**
May mayo, **6**
microscope el microscopio, **20**
middle school la escuela intermedia, **17**
miss señorita, **1**
Monday el lunes, **5**
month el mes, **6**

mother la madre, **18**
Mr. señor, **1**
Mrs. señora, **1**
Ms. señorita, señora, **1**
much mucho(a), **20**
music la música, **16**
my mi, **18**

nationality la nacionalidad, **15**
needs necesita, **11**
nephew el sobrino, **18**
Nice to meet you. Mucho gusto., **14**
niece la sobrina, **18**
nine nueve, **3**
nineteen diecinueve, **3**
no no, **15**
not no, **15**
notebook el cuaderno, **10**
November noviembre, **6**
number el número, **3**

observes observa, **20**
October octubre, **6**
of de, **5**
olive green de color verde olivo, **13**
one (a, an) un; una, uno, **3**
only solamente, **20**
orange de color naranja, **13**

pants el pantalón, **11**
    long pants el pantalón largo, **11**
paper el papel, **10**
    piece of paper la hoja de papel, **10**
pays paga, **11**
pen el bolígrafo, la pluma, **10**
pencil el lápiz, **10**
peso el peso, **3**
physical education la educación física, **8**
pink de color rosa, **13**

English-Spanish Dictionary

pizza la pizza, **4**
plant la planta, **19**
please por favor, **4**
politeness la cortesía
pretty bonito(a), **20**

question la pregunta

red rojo(a), **13**
relative el/la pariente
research la investigación, **20**
room el cuarto, **19**
ruler la regla, **10**

salad la ensalada, **4**
sandwich el sándwich, **4**
Saturday el sábado, **5**
school la academia, el colegio, la escuela, **17**
  elementary school la escuela elemental, la escuela primaria, **17**
  middle school la escuela intermedia, **17**
  school supplies los materiales escolares, **10**
  secondary school la escuela secundaria, **17**
sciences las ciencias, **8**
scientist el/la científico(a), **20**
season la estación, **6**
See you later. Hasta luego., **2**
See you soon. Hasta pronto., **2**
See you tomorrow. Hasta mañana., **2**
September septiembre, **6**
serious serio(a), **17**
seven siete, **3**
seventeen diecisiete, **3**
seventy setenta, **8**
she ella, **12**
shirt la camisa, **11**
shoes los zapatos, **11**
short corto(a), **11**

shorts el pantalón corto, **11**
sir señor, **1**
sister la hermana, **18**
six seis, **3**
sixteen dieciséis, **3**
sixty sesenta, **8**
size la talla, **11**
skirt la falda, **17**
small pequeño(a), **18**
sneakers los tenis, **11**
soda la soda, **4**
sometimes a veces, **17**
son el hijo, **18**
Spanish el español, **9**
speaks habla, **9**
spring la primavera, **6**
stepbrother el hermanastro, **18**
stepfather el padrastro, **18**
stepmother la madrastra, **18**
stepsister la hermanastra, **18**
student el/la alumno(a), **17**
studies estudia, **17**
summer el verano, **6**
Sunday el domingo, **5**

table la mesa, **10**
taco el taco, **4**
takes toma, **17**
talks habla, **9**
tea el té, **4**
ten diez, **3**
tennis shoes los tenis, **11**
terrace la terraza, **19**
thank you gracias, **4**
there is, there are hay, **19**
thirteen trece, **3**
thirty treinta, **3**
thirty-eight treinta y ocho, **8**
thirty-five treinta y cinco, **8**
thirty-four treinta y cuatro, **8**
thirty-nine treinta y nueve, **8**
thirty-one treinta y uno, **8**
thirty-seven treinta y siete, **8**
thirty-six treinta y seis, **8**
thirty-three treinta y tres, **8**

English-Spanish Dictionary

thirty-two treinta y dos, **8**
three tres, **3**
Thursday el jueves, **5**
time la hora, **8**
today hoy, **5**
   Today is . . . Hoy es... , **5**
too también, **9**
tree el árbol
T-shirt la camiseta, **11**
Tuesday el martes, **5**
twelve doce, **3**
twenty veinte, **3**
twenty-eight veintiocho, **3**
twenty-five veinticinco, **3**
twenty-four veinticuatro, **3**
twenty-nine veintinueve, **3**
twenty-one veintiuno, **3**
twenty-seven veintisiete, **3**
twenty-six veintiséis, **3**
twenty-three veintitrés, **3**
twenty-two veintidós, **3**
two dos, **3**

uncle el tío, **18**
uniform el uniforme, **17**
uses usa, **20**

Very well. Muy bien., **1**
violet de color violeta, **13**
virus el virus, **20**

wears lleva, **11**
weather el tiempo, **7**
   The weather is bad. Hace mal tiempo., **7**
   The weather is nice. Hace buen tiempo., **7**
   What's the weather (like)? ¿Qué tiempo hace?, **7**
Wednesday el miércoles, **5**
week la semana, **5**
well bien, **1**
what? ¿qué?, **3**; ¿cuál?, **6**
   what color? ¿de qué color?, **13**
   What is today's date? ¿Cuál es la fecha de hoy?, **6**
   What time is it? ¿Qué hora es?, **8**
   What's the weather (like)? ¿Qué tiempo hace?, **7**
where? ¿dónde?, **11**
   from where? ¿de dónde?, **15**
which? ¿cuál?, **6**
white blanco(a), **13**
who? ¿quién?, **9**
winter el invierno, **6**
word la palabra
works trabaja, **20**

year el año, **6**
yellow amarillo(a), **13**
yes sí, **9**
you tú, **9**
You're welcome. De nada., No hay de qué., Por nada., **4**

Index

Credits

Glencoe would like to acknowledge the artists and agencies who participated in illustrating this program: Joe Veno represented by Gwen Walters; Geo Parkin represented by American Artists Inc.; David Broad and Jane McCreary represented by Ann Remen-Willis; Susan Jaekel; Ortelius Design, Inc.; Carlos Lacamara; Lyle Miller; Andrew Shiff; Karen Maizel.